应用技术型高校汽车类专业规划教材

Qiche Lingbujian Youxianyuan Jishu
汽车零部件有限元技术

胡顺安　李红艳　左克生　编　著

人民交通出版社股份有限公司
China Communications Press Co.,Ltd.

内 容 提 要

本书为应用技术型高校汽车类专业规划教材,全书共十二章,主要内容包括汽车有限元技术概述、ANSYS Workbench 有限元基础、Workbench 网格划分技术、接触、载荷和约束介绍、汽车零部件有限元静力学分析、模态分析、谐响应分析、屈曲分析、结构优化设计、瞬态动力学分析、车架有限元分析。

本书可作为车辆工程专业、汽车服务工程专业等汽车类专业的本科生教材,也可供科研工作者、在校研究生作为参考用书使用。

图书在版编目(CIP)数据

汽车零部件有限元技术 / 胡顺安,李红艳,左克生编著. —北京:人民交通出版社股份有限公司, 2017.12
应用技术型高校汽车类专业规划教材
ISBN 978-7-114-14030-3

Ⅰ.①汽… Ⅱ.①胡… ②李… ③左… Ⅲ.①有限元分析—应用—汽车—零部件—高等学校—教材 Ⅳ.①U463

中国版本图书馆 CIP 数据核字(2017)第 175567 号

应用技术型高校汽车类专业规划教材

书　　名:	汽车零部件有限元技术
著 作 者:	胡顺安　李红艳　左克生
责任编辑:	李　良
出版发行:	人民交通出版社股份有限公司
地　　址:	(100011)北京市朝阳区安定门外外馆斜街 3 号
网　　址:	http://www.ccpress.com.cn
销售电话:	(010)59757973
总 经 销:	人民交通出版社股份有限公司发行部
经　　销:	各地新华书店
印　　刷:	北京市密东印刷有限公司
开　　本:	787×1092　1/16
印　　张:	10
字　　数:	229 千
版　　次:	2017 年 12 月　第 1 版
印　　次:	2017 年 12 月　第 1 次印刷
书　　号:	ISBN 978-7-114-14030-3
定　　价:	23.00 元

(有印刷、装订质量问题的图书由本公司负责调换)

应用技术型高校汽车类专业规划教材编委会

主　任
　　于明进(山东交通学院)

副主任(按姓名拼音顺序)
　　陈黎卿(安徽农业大学)　　　　　　陈庆樟(常熟理工学院)
　　关志伟(天津职业技术师范大学)　　何　仁(江苏大学)
　　唐　岚(西华大学)　　　　　　　　于春鹏(黑龙江工程学院)

委　员(按姓名拼音顺序)
　　曹金梅(河南科技大学)　　　　　　慈勤蓬(山东交通学院)
　　邓宝清(吉林大学珠海学院)　　　　邓　涛(重庆交通大学)
　　付百学(黑龙江工程学院)　　　　　姜顺明(江苏大学)
　　李　斌(人民交通出版社股份有限公司)　李学智(常熟理工学院)
　　李耀平(昆明理工大学)　　　　　　廖抒华(广西科技大学)
　　柳　波(中南大学)　　　　　　　　石传龙(天津职业技术师范大学)
　　石美玉(黑龙江工程学院)　　　　　宋长森(北京理工大学珠海学院)
　　宋年秀(青岛理工大学)　　　　　　谭金会(西华大学)
　　尤明福(天津职业技术师范大学)　　王慧君(山东交通学院)
　　王良模(南京理工大学)　　　　　　王林超(山东交通学院)
　　吴　刚(江西科技学院)　　　　　　吴小平(南京理工大学紫金学院)
　　谢金法(河南科技大学)　　　　　　徐　斌(河南科技大学)
　　徐立友(河南科技大学)　　　　　　徐胜云(北京化工大学北方学院)
　　杨　敏(南京理工大学紫金学院)　　衣　红(中南大学)
　　赵长利(山东交通学院)　　　　　　赵　伟(河南科技大学)
　　周　靖(北京理工大学珠海学院)　　訾　琨(宁波工程学院)
　　胡顺安(常熟理工学院)

秘　书
　　夏　犇(人民交通出版社股份有限公司)　李　良(人民交通出版社股份有限公司)

前言 FOREWORD

汽车工业是国民经济发展的支柱产业,也是推动科学技术发展的龙头产业。随着我国汽车工业的发展,汽车设计与制造水平的不断提升,以及国家大力倡导创新和研发投入,汽车制造公司对产品研发的日益重视,对产品设计方面的要求越来越高。汽车零部件有限元技术作为开发过程中的重要工具,作为汽车数字化设计的一项核心技术,不仅可以带来产品竞争力的提升,而且也为企业自主创新带来新的契机。

本书介绍了汽车常用的材料以及新材料方面的应用,并详细介绍了汽车零部件有限元静力学分析、模态分析、谐响应分析、结构优化设计、瞬态动力学分析和车架综合分析等内容。相对其他有限元类图书,本书具有以下特色:

1. 书中案例源于编者实际工作经历中遇到的实际问题,具有一定的原创性。本书在编写过程中,不仅在软件操作方面进行介绍,而且还着重分析了后处理以及在实际应用中的安全系数评价。

2. 案例丰富,突出实用性。重点分析案例 13 个,侧重于案例的操作和评价;其他案例若干,主要在操作方面进行介绍。

3. AYSYS Workbench 采用视窗平台,学习较为容易,应用群体广泛。

本书由常熟理工学院胡顺安、左克生和青岛科技大学李红艳编写,可作为车辆工程相关专业的教材以及从事车辆装备和其他机械结构分析的工程人员参考使用。本书配备关于各章节的有限元分析实例的相关文件,详细资料见百度网盘文件分享链接(http://pan.baidu.com/s/1bp30Qcv)。

由于水平有限,本书肯定存在不足和需要改进的地方,竭诚希望广大读者批评指正。

编 者
2017 年 5 月

目录

第一章　汽车有限元技术概述 ·· 1
　第一节　汽车有限元技术介绍 ·· 1
　第二节　有限元技术在汽车新产品开发过程中的作用 ·· 1
　第三节　有限元技术在汽车设计中的应用 ··· 2
第二章　ANSYS Workbench 有限元基础 ··· 5
　第一节　有限元分析的理论基础 ··· 5
　第二节　汽车零部件常用材料在 ANSYS Workbench 中的定义 ································· 19
　第三节　几何建模 ·· 29
第三章　Workbench 网格划分技术 ·· 41
　第一节　ANSYS Workbench 网格划分简介 ·· 41
　第二节　网格划分的种类 ··· 41
　第三节　全局网格控制 ·· 44
　第四节　局部网格控制 ·· 47
第四章　接触 ·· 48
　第一节　接触的类型 ··· 48
　第二节　接触的选用 ··· 51
第五章　载荷和约束介绍 ·· 54
　第一节　载荷 ··· 54
　第二节　约束 ··· 63
第六章　汽车零部件有限元静力学分析 ··· 64
　第一节　汽车零部件许用应力和安全系数介绍 ··· 64
　第二节　有限元静力学分析基础 ··· 65
　第三节　双横臂式独立悬架上臂有限元分析 ·· 65
　第四节　驱动桥桥壳有限元分析 ··· 69
　第五节　车架上支架有限元分析 ··· 75
　第六节　轴差前壳静态力学分析 ··· 78
第七章　模态分析 ·· 82
　第一节　模态分析的基础理论 ·· 82
　第二节　悬臂梁的模态分析 ·· 83

第三节　发动机曲轴模态分析 …………………………………………… 85
第八章　谐响应分析 …………………………………………………………… 88
　　第一节　谐响应分析的理论基础 …………………………………………… 88
　　第二节　悬臂梁的谐响应分析 ……………………………………………… 89
　　第三节　发动机曲轴的谐响应分析 ………………………………………… 93
第九章　屈曲分析 ……………………………………………………………… 96
　　第一节　屈曲分析的基础理论 ……………………………………………… 96
　　第二节　推力杆屈曲分析 …………………………………………………… 97
第十章　结构优化设计 ………………………………………………………… 101
　　第一节　Workbench 优化设计概述 ………………………………………… 101
　　第二节　传动轴优化分析 …………………………………………………… 102
第十一章　瞬态动力学分析 …………………………………………………… 109
　　第一节　瞬态动力学的理论基础 …………………………………………… 109
　　第二节　悬臂梁的瞬态动力学分析 ………………………………………… 110
　　第三节　齿轮的瞬态动力学分析 …………………………………………… 113
第十二章　车架有限元分析 …………………………………………………… 118
　　第一节　车架模型 …………………………………………………………… 118
　　第二节　载荷和边界条件 …………………………………………………… 120
　　第三节　有限元分析 ………………………………………………………… 121
　　第四节　模态分析 …………………………………………………………… 139
附录一　如何学习 ANSYS WORKBENCH …………………………………… 144
附录二　三维模型参数化导入 ………………………………………………… 149
附录三　ANSYS 安装中的注意事项 …………………………………………… 151
参考文献 ………………………………………………………………………… 152

第一章 汽车有限元技术概述

第一节 汽车有限元技术介绍

我国汽车产销量已连续多年居全球第一位,是生产大国和使用大国。但我国出口整车一直未有很大起色,出口量占产销量的比例远低于发达国家的比例。从中也能看出,国产汽车技术水平与国际市场要求的水平还存在一定差距。

但随着我国汽车工业的发展,汽车设计与制造水平的不断提升,以及国家大力倡导创新和研发投入,汽车公司对研发的日益重视,对产品设计方面的要求越来越高。汽车零部件有限元技术作为开发过程中的重要工具,能解决设计阶段的问题,提高设计质量,缩短开发周期,节省开发费用,同时避免产品投放市场初期可能出现的质量问题。

有限元技术在车企开发中已经成为必不可少的一种设计方法,其分析的对象涉及零部件、总成、系统和整车,主要有结构的强度和刚度分析、模态分析、谐响应分析、谱响应分析、屈曲分析、冲压成型分析、碰撞分析、多体动力学分析、振动噪声(NVH)分析、结构疲劳分析、热分析、流体分析、耦合分析等。

目前,商业的有限元软件有很多,如 ABAQUS、MSC、ANSYS、HyperWorks 等,以及其他三维软件自带的有限元分析模块。这些有限元分析软件各有千秋,针对不同的问题,各有利弊。自 ANSYS 7.0 开始,ANSYS 公司推出了 ANSYS 经典版(Mechanical APDL)和 ANSYS Workbench 版两个版本,ANSYS 公司极力打造一个通用的、面向用户的 CAE 平台,而 ANSYS Workbench 做到了这一点。它允许用户将 ANSYS 所有功能以及第三方 CAE 系统通过该平台集成到一起,开发一个面向用户专门问题的 CAE 系统。它与目前市场通用的主流三维建模软件可以做到无缝衔接,与其他分析软件也可通过存储中间格式的方式进行分析。

目前,ANSYS Workbench 作为产品工程师所需掌握的一款工具之一,它的界面友好,工程化性质强,方便工程师熟练使用。

第二节 有限元技术在汽车新产品开发过程中的作用

在科学技术日新月异的今天,汽车的市场生命周期大大缩短,对于一个汽车企业来说,保持企业具有良好的发展状态只有两条途径:一是开发汽车新产品,二是开拓汽车新市场。而对于成熟的市场来说,汽车企业最重要的途径是不断开发汽车新产品。

然而,汽车产品开发是一项复杂的系统工程。新产品开发一般要经历以下几个阶段。

第一阶段:产品规划即市场策划阶段。通过市场调研,从客户需求出发,准确车型定位市场,建立新车型的目标产品。该阶段主要由企划部负责,营销、研发等部门协助。

第二阶段：概念开发和研究阶段，即概念设计和可行性研究阶段。该阶段主要由研发部门负责，总工程师根据产品的目标定位，确定产品的方案以及各大总成等主要参数。通过自顶向下的方式布置明确的设计任务，将各个模块的设计指标（如性能参数、结构强度、刚度、质量等）下达到每位设计师。

第三阶段：设计、试制试验与认证阶段。这一阶段的设计和试验过程中需要大量使用有限元技术，以便工程师解决和掌握强度、刚度问题，是否进行继续优化设计来保证产品的设计水平。

第四阶段：确认设计，生产准备阶段。在确认设计过程中，需要解决新产品的样品试验中暴露出来的问题，部分问题可以采用有限元技术进行分析和诊断问题的原因，验证对策可行性，将问题解决在投放市场之前。

当然，新产品从无到有并推向市场，不只是量产与投产、销售等过程，但和有限元技术相关的过程，主要在第二阶段到第四阶段。可见，有限元技术在新产品开发过程的重要地位。只有当设计、分析和试验三者有效结合时，才能在更大程度上体现有限元技术在汽车新产品开发过程中的作用。

第三节　有限元技术在汽车设计中的应用

有限元技术大量应用于汽车设计中，用来解决汽车零部件复杂的受力分析计算问题。如车架的静力学有限元分析和模态分析、驱动桥桥壳总成的静力学有限元分析、发动机曲轴的谐响应分析、推力杆的屈曲分析、齿轮的瞬态动力学分析等。

一、驱动桥桥壳总成静力学有限元分析

驱动桥桥壳总成作为汽车的承载零部件，在实际设计过程中，先通过理论计算和设计，制作出三维，然后在有限元分析软件中进行静力学分析，对其进行强度和刚度研究，如图1-1所示。

图1-1　驱动桥桥壳总成应力云图

二、车架的静力学有限元分析和模态分析

车架是汽车的重要组成部分，在工作的过程中总会受到来自各个方面的载荷作用，所以车架必须要有足够大的刚度和强度来承受这些载荷，如图1-2和图1-3所示。另外车架受到两类激振：一是汽车行驶时路面不平度对车轮作用的随机激振；二是发动机运转时，做功行程燃烧爆发压力和活塞往复惯性力引起的简谐激振。当激励力的激振频率和车架的某一固有频率相吻合时，就会产生共振，导致车架某些部位产生数值很大的共振载荷，造成车架的

破坏。因此,车架的模态分析对于研究车架的动态响应非常重要,它是研究结构动态性能的基础,图1-4所示为车架的某阶模态分析。

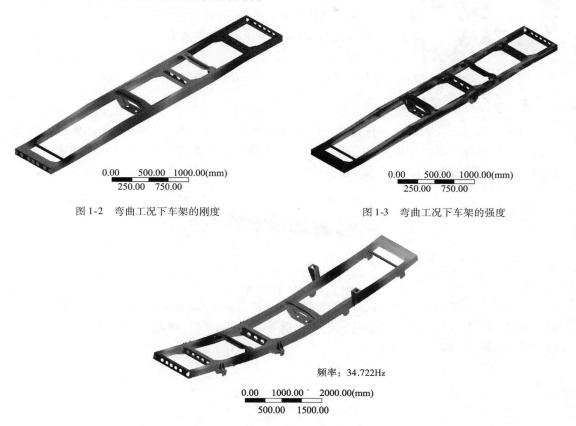

图1-2　弯曲工况下车架的刚度

图1-3　弯曲工况下车架的强度

图1-4　车架模态分析

三、发动机曲轴的谐响应分析

曲轴是发动机中最重要的部件之一,在做功行程燃烧爆发压力和活塞往复惯性力通过曲轴将周期性的运动作用于汽车零部件上。因此可以把曲轴的这种运动进行谐响应分析,如图1-5所示为曲轴的谐响应分析情况。

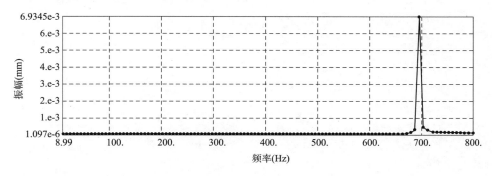

图1-5　曲轴频响分析结果

图 1-6　齿轮瞬态动力学分析结果

四、齿轮的瞬态动力学分析

齿轮是传动系统中常用的一种零部件。在车辆起动或者制动等过程中,短时间内会产生较大的负荷,其工况不同于正常工况下齿轮的啮合运动,一般可采用瞬态动力学进行分析,图 1-6 所示为一对齿轮的瞬态动力学分析结果。

五、推力杆的屈曲分析

对于一些细长件或者壁厚与其某一尺寸相差较大,受到外界压力时,其未达到材料的极限值就产生某种类型的破坏,用普通的静力学分析很难解释此类问题,这是由于结构屈曲造成的。图 1-7 所示为推力杆的屈曲分析结果。

图 1-7　推力杆的屈曲分析结果

汽车是一个复杂的系统,对于汽车设计分析,涉及多个领域,如疲劳分析、电磁分析、流场分析、NVH、温度场分析以及多场的耦合分析等。本书主要对静力学分析、模态分析、谐响应分析、屈曲分析和谐响应分析在 ANSYS Workbench 进行讲解。

第二章　ANSYS Workbench 有限元基础

第一节　有限元分析的理论基础

有限元分析的基本思想是将连续体进行离散,划分成为网格进行计算,这些网格称为单元;网格和网格的交线称为边界;网格间相互连接的交点称为节点,单元、边界和节点如图 2-1 所示。因模型上节点总数是有限的,单元数(网格数)也是有限的,这就是"有限元"一词的由来。划分网格的目的是把连续体分解成可得到精确解的适当数量单元,然后通过已知条件和未知条件,对单元建立相关方程,将单元组成的集合,组成矩阵进行求解。

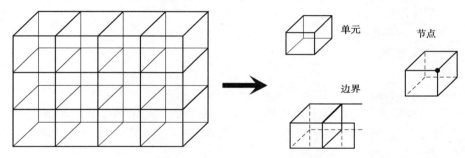

图 2-1　有限元分析中的网格、边界、节点

一、有限元分析的基本步骤

一般而言,有多种方法用于推导有限元的公式,其中包括直接法、虚位移法、最小势能法等。无论采用什么方法进行有限元建模,有限元分析的基本步骤都大致相同,基本可以分为以下步骤。

1. 物理模型离散化(划分网格)

物理模型离散化是有限元分析思想的体现。将需要分析的物理模型离散为由各种单元组成的计算模型,称为单元离散化,也就是将模型划分成网格。模型被离散成有限个网格(单元),通过单元间的节点相互关联。一般情况下,网格划分得越密,分析的应力结果与实际应力越接近。但需要注意的是,并不是网格越密越好,在划分网格的过程中,要充分考虑计算的时间、效率等综合因素。一般情况下,可以通过收敛的方式或网格多次细化比较结果是否收敛,是否满足项目对精度的要求即可。

2. 定义单元特性

1)选择位移模式

有限元分析中,选择节点位移作为基本未知量时称为位移法;选择节点力为基本量时称为力法;取一部分节点力和一部分节点位移作为基本量时称为混合法。位移法由于容易实现数值计算,在有限元分析中广泛应用。

2)定义单元的力学关系

根据单元的材料、形状、尺寸、节点数目、位置等参数,找出单元节点力和节点位移的关系式,这是有限元分析中的关键一步。

3)计算等效节点力

物理模型离散化后,假定力是通过节点在单元间进行传递的,但对于实际连续体,力是通过单元的公共界面在单元间进行传递。因此,所有作用在单元边界上的力都需要等效地转化到节点上,即用等效节点力来替代所有作用在单元上的力,这时需要注意遵循静力的等效原则。

3. 建立方程组(或建立矩阵)

通过结构中力的平衡条件和边界条件将各个单元将各个单元按照原来的结构重新连接起来,形成整体方程组,如式(2-1)所示。然后对方程组进行变换获得矩阵,即:

$$Kq = f \qquad (2-1)$$

式中:K——整体刚度矩阵;

q——节点位移矩阵;

f——载荷矩阵。

4. 求解

这一步工作是利用矩阵中的位移关系,或者是方程组中的位移迭代关系进行求解。

综上所述,有限元分析的基本思想是"先离散再组装",离散为了进行单元分析,组装为了对整体结构进行分析。计算过程采用的是近似解,故采用有限元计算的结果都存在误差,即求得解为近似解。解的具体精度主要看结果的收敛程度。

二、有限元计算分析实例

有一个梯形面体,如图2-2所示。一端承受载荷,另一端固定,以$W_上$代表上端宽度,$W_下$代表下端宽度,面体厚度为t,长度为L,弹性模量用E表示。当面体受载荷P时,沿面体长度方向上有不同大小的变形。求在载荷P作用下,梯形面体的应力(忽略杆重影响)。

根据有限元分析的基本步骤进行分析计算如下。

1. 物理模型离散化(划分网格)

根据有限元分析思想和步骤,需要将梯形面体进行网格单元化,将其分为4个单元和5个节点,如图2-3所示。此处需要说明,通过该分析获得的必然是近似解,通过网格加密,能够无限逼近真值,但实际处理过程中,只要满足工程分析精度的要求即可。

2. 分析过程

将面体梯形离散化分成4部分,每条边(边界)上取一个节点。根据单元的受力关系,先考虑横截面积为A,长度为l的矩形体在外力F作用下的变形情况,如图2-4所示。

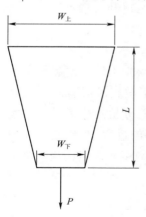

图2-2 梯形面体受轴向力

由工程力学知识可知,矩形体的平均应力如式(2-2)所示:

$$\sigma = \frac{F}{A} \tag{2-2}$$

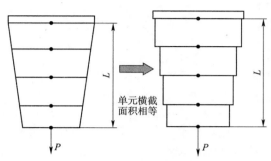

图 2-3 面体离散化后的单元和节点

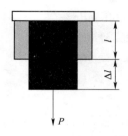

图 2-4 矩形体受力分析

3. 计算

每个单元等效成矩形体时,按照每个单元的上、下端的平均值来等效矩形体的长边,即:

$$A_i = \frac{w_i + w_{i+1}}{2} l \tag{2-3}$$

式中:A_i——每个单元近似后的截面面积;

w_i——每个单元近似前的上端宽度;

w_{i+1}——每个单元近似前的下端宽度。

根据式(2-2)、式(2-3)可以推导以下公式:

$$\sigma_i = \frac{F_i}{A_i} \tag{2-4}$$

4. 求解过程

已知载荷 $P = 1000\text{N}$,$E = 200\text{GPa}$,$w_\text{上} = 0.02\text{m}$,$w_\text{下} = 0.01\text{m}$,$L = 0.10\text{m}$,$l = 0.00125\text{m}$;该梯形面体被分成 4 个单元,则每个等效单元的上、下端长度为:

$w_1 = w_\text{上} = 0.02\text{m}$

$w_2 = w_1 - \dfrac{w_\text{下}}{4} = 0.02 - \dfrac{0.01}{4} = 0.0175(\text{m})$

$w_3 = w_1 - \dfrac{w_\text{下}}{2} = 0.02 - \dfrac{0.01}{2} = 0.015(\text{m})$

$w_4 = w_1 - \dfrac{3w_\text{下}}{4} = 0.02 - \dfrac{3 \times 0.01}{4} = 0.0125(\text{m})$

$w_5 = w_\text{下} = 0.01\text{m}$

则,相应的 A_i 为:

$A_1 = \dfrac{0.02 + 0.0175}{2} \times 0.0125(\text{m}^2)$

$A_2 = \dfrac{0.0175 + 0.015}{2} \times 0.00125(\text{m}^2)$

$$A_3 = \frac{0.015 + 0.0125}{2} \times 0.00125 (\text{m}^2)$$

$$A_4 = \frac{0.0125 + 0.01}{2} \times 0.00125 (\text{m}^2)$$

将上述 A_i 带入到式(2-4)中,则有:

$\sigma_1 = 42.667 \text{MPa}$

$\sigma_2 = 49.231 \text{MPa}$

$\sigma_3 = 58.182 \text{MPa}$

$\sigma_4 = 71.111 \text{MPa}$

注:此处采用直接计算法,也可以参考王国军等[1]在《车辆结构有限元分析》中采用矩阵的方法来计算,此种方法更能体现有限元的基本思想。

三、梯形面体 ANSYS Workbench 实例分析

梯形面体的实例通过 ANSYS Workbench 软件进行有限元分析计算,其过程如下。

1. 打开项目

在 ANSYS Workbench 中,每个分析实例均以项目文件的方式进行存储的,其文件的后缀为.wbpj。

首先启动 ANSYS Workbench,可以从桌面或者程序中启动,如图2-5所示,从程序启动该软件。打开文件 Mechanical.wbpj 项目,图2-6所示为打开项目文件的方法,当然也可以从主菜单栏 File 中打开项目文件。打开文件 Mechanical.wbpj 项目后的界面如图2-7所示。

图2-5 从程序启动 ANSYS Workbench

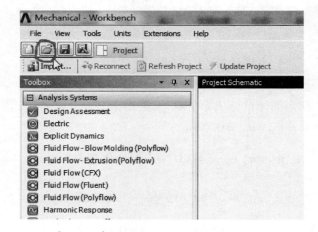

图2-6 打开项目文件的路径

在图2-7中,需要对分析界面进行简单的介绍,其中主菜单栏中的 File、View、Tools、Units、Extensions、Help 与通常操作的 office 软件类似,只是部分主菜单栏中的命令有所不同,功能不同而已。需要重点介绍的部分为 Toolbox 工具箱和 Project Schematic 项目规划区。其中,工具箱 Toolbox 可以从图2-7的左边能看到,该工具箱含5部分内容:

(1) Analysis Systems:分析系统,下面的子选项均是包含一个完整的分析系统。

(2) Component Systems:组件系统,下面的子选项可组成 Analysis Systems 中的所有完整

分析系统,也就是通过 Component Systems 中的某几个可以联立完成 Analysis Systems 的任何一个分析功能。

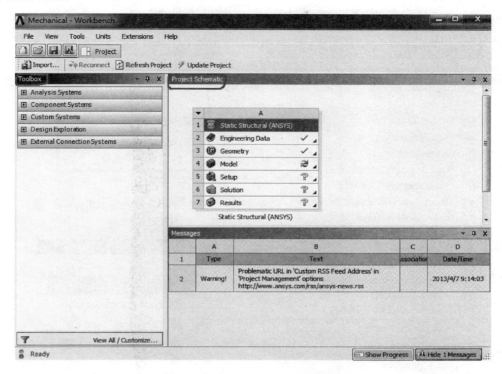

图 2-7　打开 Mechanical.wbpj 后的界面

(3) Custom System:用户自选系统,下面的子选项可用于耦合分析。

(4) Design Exploration:探索设计,包括优化设计和可靠性设计等。

(5) External Connection Systems:外部连接系统,这个是 Workbench 新增的功能,主要用于二次开发等。

单击 Toolbox 中任意系统中左侧的⊞,则可将该部分内容展开,如单击 Analysis Systems 左侧的⊞,其展开内容如图 2-8 所示。

项目规划区 Project Schematic 可以根据需要任意组成一个或多个分析项目。该区域可以根据项目分析的内容进行项目流组合和共享部分定义或分析结果等内容,从而大幅提高分析工作进程。

双击工具箱 Toolbox 下的分析系统中的一项分析或拖曳至项目规划区。如图 2-9 和图 2-10 所示,将 Analysis Systems 中的 Static structural 拖曳至项目规划区中,或者双击也可实现该功能。但此处需要说明一下,对于单个分析来说,双击和拖曳功能是一样的,但对于多个分析,特别是在项目分析过程中需要共享前一项目的内容时,拖曳的功能就体现其威力和效果了。因此建议读者尽量使用拖曳功能。(部分计算机安装时,可能对按键的功能进行锁定,此时需要快速双击键盘左上角的 Esc 键,启动解锁,恢复拖曳功能)

2. 查看模型

如图 2-7 所示,双击 A3 项——Geometry,启动 DesignModeler,进入前处理中的建模界面,如图 2-11 所示。在 DesignModeler 中可以处理其他三维软件存储的中间格式文件,如.stp、.x_t 等数据格式;导入的几何在该界面中可以进行先期的预处理等工作。另外,在 Geometry 模块也可进行几何建模,这部分内容后面有章节单独的介绍。

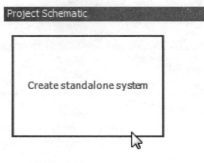

图 2-9 将 Static structural 拖曳至项目规划区中间过程

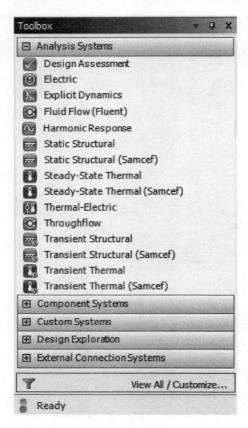

图 2-8 Analysis Systems 展开情况

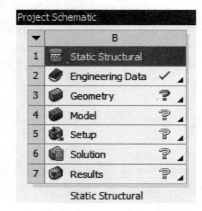

图 2-10 将 Static structural 拖曳至项目规划区

3. 定义材料

双击 A2 项——Engineering Data,启动材料管理器。本例中需要定义弹性模量 E,默认材料为 Structural steel,定义 Isotropic Elasticity(各项同性弹性)中 Young's Modulus(弹性模量 E)值为 200GPa,如图 2-12 所示。

4. 进入分析界面进行分析

双击 A4 项——Model,启动 ANSYS Workbench Mechanical,如图 2-13 所示。

分析的一般流程:

1)分配材料

在前面 Engineering Data 中若定义了一种或多种材料时,可先点开分析界面⊞ Geometry 的加号,然后单击⊞ Surface Body 进入详细设置(Details of "Surface Body")中定义材料,具体如图 2-14 所示:单击⊞ Material,在 Assignment 的 Structural Steel 下拉栏中选择材料。因为本例默认为 Structural Steel 材料,故不用进行材料分配。

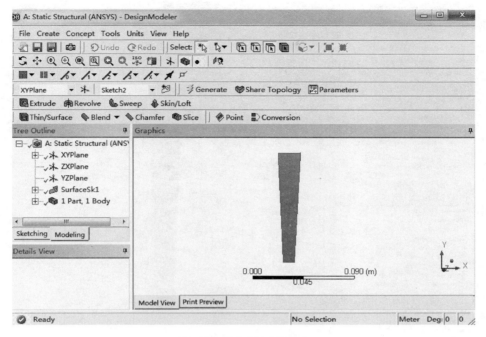

图 2-11　前处理的建模界面

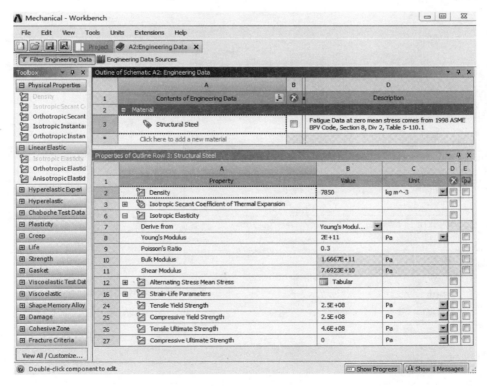

图 2-12　Engineering Data 材料管理器中 Isotropic Elasticity 中 Young's Modulus 定义

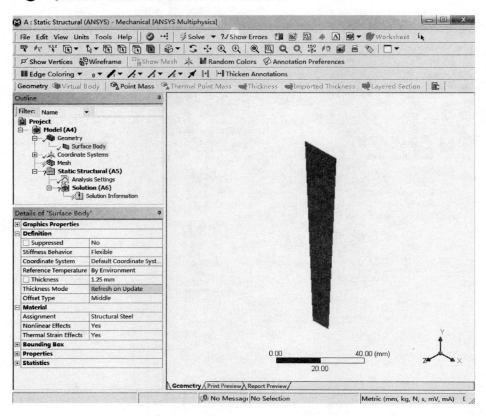

图 2-13 ANSYS Mechanical 界面

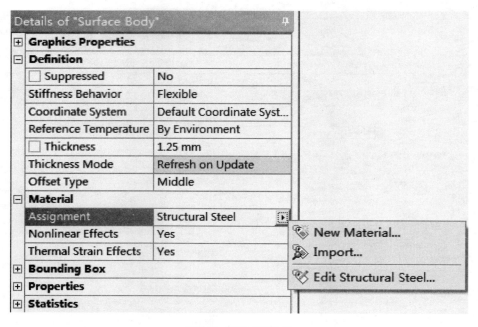

图 2-14 材料分配设置

2)建立坐标系统

本例只采用默认坐标系统。

3)查看并建立接触

接触一般产生于两个或两个以上的物体之间建立的相关联系。本例只存在单一几何,故该步骤可不进行设定。

4)划分网格

根据离散化的思想,需要将梯形面体长边划分为 4 等分,上、下端划分为 1 等分,整体均匀分布。具体操作过程为:

(1)单击 Mesh,右击,选择 Insert,在弹出菜单中选择 Sizing,如图 2-15 所示。

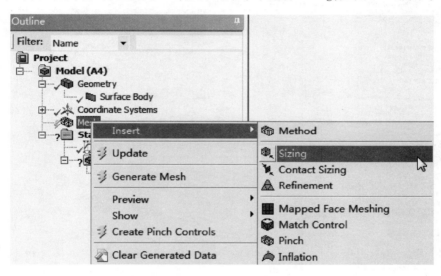

图 2-15　设置网格

(2)单击 Sizing,在其左下方的 Detail of "Sizing"中进行设置。需要选择边工具,选择梯形的两条长边,如图 2-16 所示,在 Detail of "Sizing"的 Geometry 栏中单击 Apply,显示为"2 Edges",然后在 Type 栏中选择 Number of Division,如图 2-17 所示,并在□Number of Division 中设置为"4"等分,如图 2-18 所示。

(3)重复第(1)步,单击 Sizing,采用边工具,选择梯形的上、下端的两条短边,在 Detail of "Sizing"的 Geometry 栏中单击 Apply,显示为"2 Edges",按相同的方法在□Number of Division 中设置为"1"等分。

(4)单击 Mesh,右击,选择 Mapped Face Meshing,如图 2-19 所示,同时采用面工具,将整体梯形面体的面选择上,并在 Detail of "Mapped Face Meshing"中的 Geometry 栏中单击 Apply,按下 Apply 后显示为"1 Face",如图 2-20 所示。

(5)单击 Mesh,在 Detail of "Mesh"的 Use Advanced Size Function 选项中的下拉菜单中选择 Off,如图 2-21 所示。再单击 Mesh,右击选择 Generate Mesh,如图 2-22 所示,划分网格后效果如图 2-23 所示。

5)边界条件设定

单击 Static Structure,在上方的菜单栏上会出现变化,如图 2-24 所示。根据实例要求,在梯形面体的上端进行约束,下端施加 1000N 的力。

采用边工具,选择面体的上端。选择菜单栏上的 Supports(约束),出现下拉菜单,如图 2-25 所示;选择 Fixed Support,面体上端边的约束完成,如图 2-26 所示。

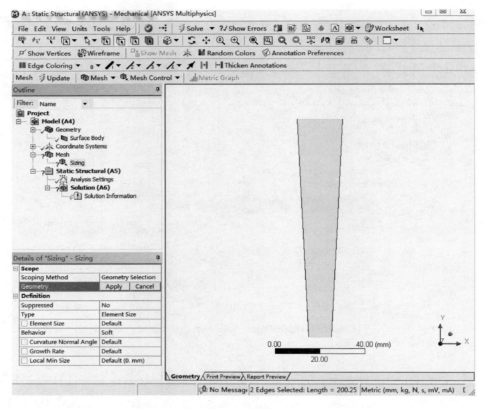

图 2-16　长边 Detail of "Sizing" 设置

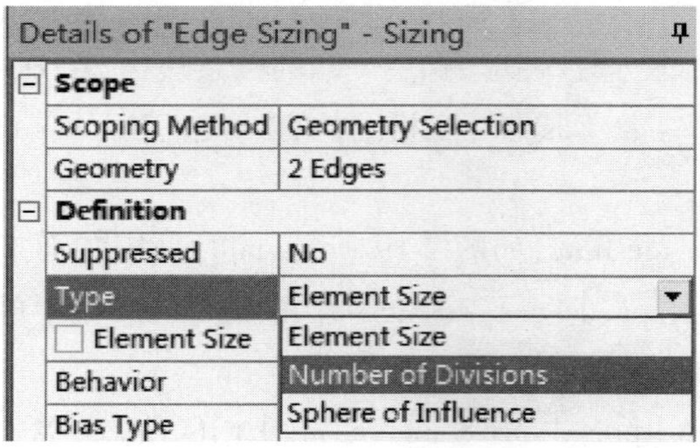

图 2-17　选择划分类型为 Number of Division

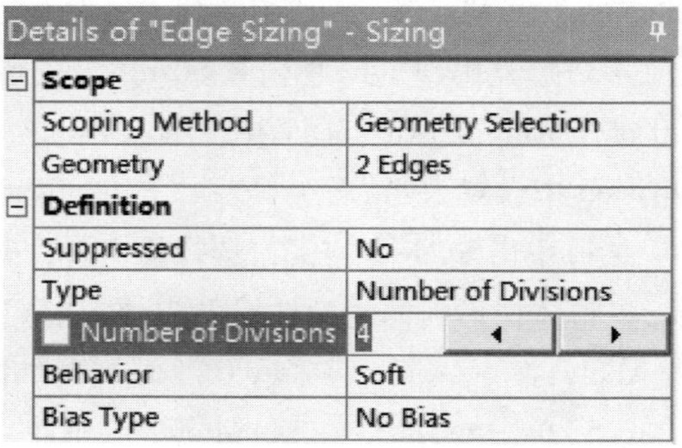

图 2-18　Number of Division 设置

ANSYS Workbench 有限元基础

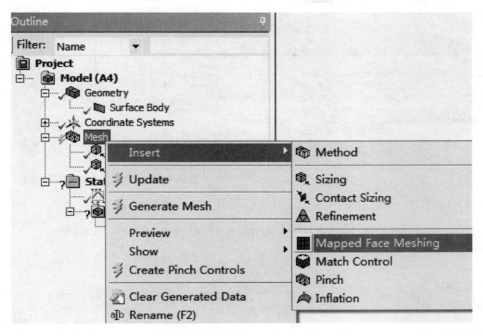

图 2-19　选择 Mapped Face Meshing

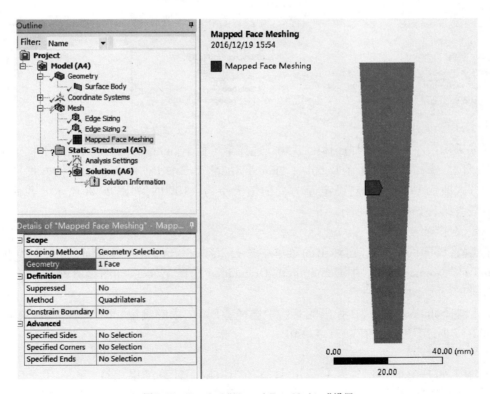

图 2-20　Detail of "Mapped Face Meshing" 设置

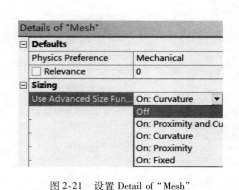
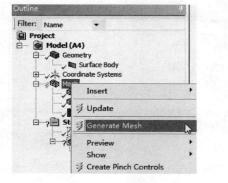

图 2-21　设置 Detail of "Mesh"　　　图 2-22　产生网格　　　图 2-23　网格效果

图 2-24　单击 Static Structure 后出现的菜单栏

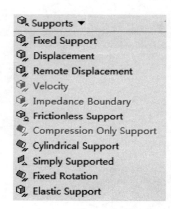
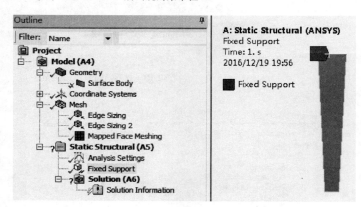

图 2-25　约束下拉菜单　　　图 2-26　面体上端边 Fixed support 约束

继续采用边工具，选择面体的下端。选择菜单栏上的 Loads(载荷)，出现下拉菜单，如图 2-27 所示；选择 Force，并在 Detail of "Force"中，将 Define By 由 Vector(向量方式)通过下拉菜单方式改为 Components，设定 Y 方向的值大小为 -1000N，如图 2-28 所示。载荷 Force 设置的最终结果如图 2-29 所示。

6) 定义求解结果

单击 Solution，右击，在弹出的菜单中选择 Insert →Stress →Normal，如图 2-30 所示。在 Detail of "Normal Stress"中 Definition 的 Orientation 选择 Y Axis，如图 2-31 所示。

7) 求解

单击 Solution，右击，在弹出的菜单中选择 Solve，求解过程如图 2-32 所示，求解的结果如图 2-33 所示，其最大值为 71.111MPa。

5. 结果分析(后处理)

本例中，将梯形面体划分为 4 等分，计算值与有限元计算结果相符。但为了方便计算，划分的网格数量偏少，计算结果与实际值之间还存在一定误差。若将网格数量加密，通过计算的方法，虽然最终能得到符合工程精度要求的计算值，但其运算量太大，计算费时费力。

采用有限元软件方法，只要将网格划分至适当密度，就能在较快的时间内求得与实际值接近的，且符合工程精度要求的结果。

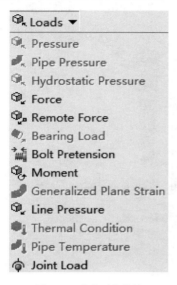

图 2-27　载荷下拉菜单

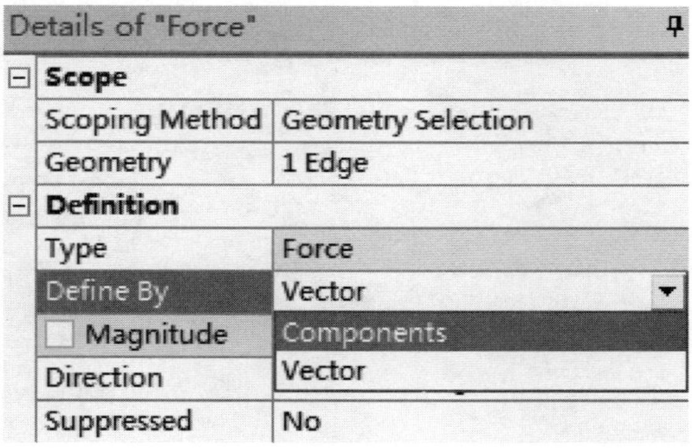

图 2-28　载荷 Force 方向设定

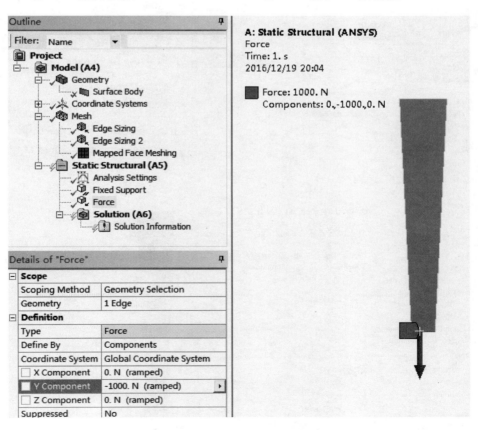

图 2-29　载荷 Force 设置的最终结果

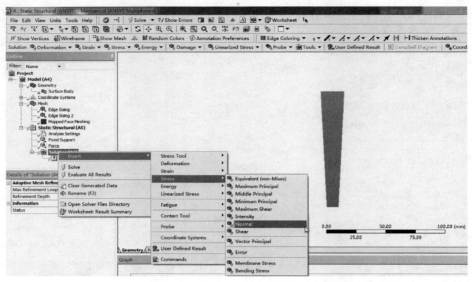

图 2-30　设置求解结果

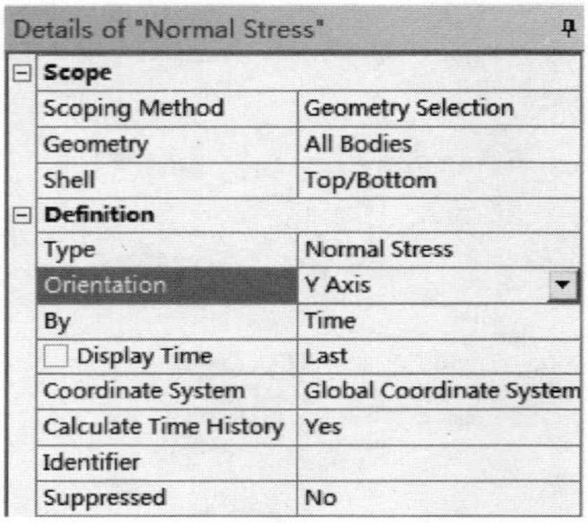

图 2-31　设置应力方向

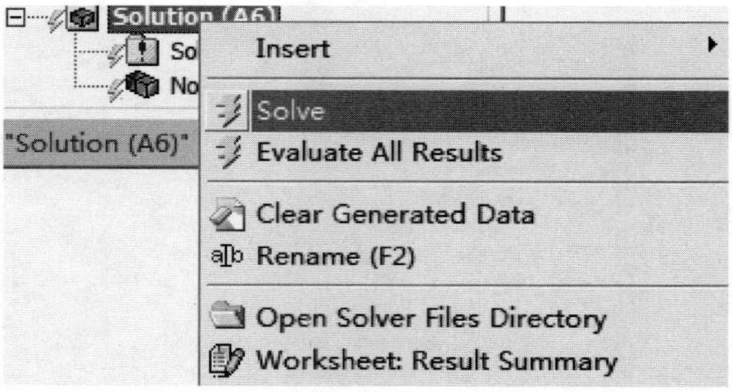

图 2-32　求解

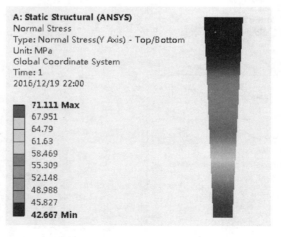

图 2-33　求解结果

第二节　汽车零部件常用材料在 ANSYS Workbench 中的定义

先思考一个有意思的问题。

一个受拉的圆柱杆件，其边界条件为杆件一端固定约束，另外一端受拉力 F，如图 2-34 所示。在线性范围，若杆件材料分别采用 Structural Steel、Stainless Steel 和 Aluminum Alloy 加工成该杆件，哪种材料加工成的杆件变形最小，为什么？

根据杆件受力条件，可以得到杆件的应力为：

$$\sigma = \frac{F}{A} \tag{2-5}$$

杆件的应变为单位长度 L 与受力后变化长度 ΔL 的比值：

$$\varepsilon = \frac{\Delta L}{L} \tag{2-6}$$

图 2-34　杆件边界条件

在线弹性区域内，应力和应变服从胡克定律，即有：

$$\sigma = E\varepsilon \tag{2-7}$$

式中：E——材料的弹性模量。

由式(2-5)~式(2-7)推导得到：

$$\Delta L = \frac{FL}{AE} \tag{2-8}$$

通过式(2-8)可以推断，在外界条件相同（即 F、L、A 相同）而材料不同的情况下，杆件的变形值 ΔL 只与杆件材料弹性模量 E 相关，且与弹性模量 E 成反比。

建立一个静态分析，双击 Engineering Data 进入材料工程界面，单击 Engineering Data Sources → General Materials 查到 Structural Steel、Stainless Steel 和 Aluminum Alloy 这三种材料，单击材料后面的加号，如图 2-35 所示。然后单击左上角的 Engineering Data Sources，切换界面至 Engineering Data 正常界面，通过移动鼠标查看每种材料在 Isotropic Elasticity 下的 Young's Modulus，即弹性模量 E 值，其中 $E_{Structural} = 200\text{GPa}$，$E_{Stainless} = 193\text{GPa}$，$E_{Aluminum} = 71\text{GPa}$。

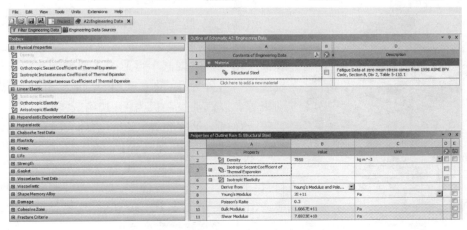

图 2-35　在 Engineering Data Sources 查找材料

由杆件的变形值 ΔL 与弹性模量 E 成反比可知，其中 Structural Steel 的弹性模量最大，而 Aluminum Alloy 的弹性模量最小，则有：

$\Delta L_{\text{Structural}} < \Delta L_{\text{Stainless}} < \Delta L_{\text{Aluminum}}$，故杆件材料采用 Structural Steel 的变形最小。

一、汽车四大总成介绍

汽车分为四大总成，即由车身、发动机、底盘、电气系统组成。

1. 车身

车身包括白车身及其附件。白车身通常指已经装焊好但尚未喷漆的白皮车身，车身部分外覆盖件如图 2-36 所示。

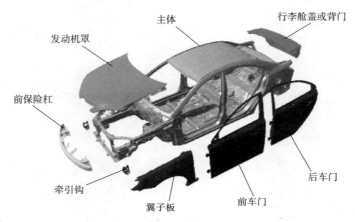

图 2-36　车身部分外覆盖件

车身的材料可分为金属材料和非金属材料两种。其中金属材料有钢、铸铁等重金属材料；铝、镁、钛等轻金属及其合金材料、泡沫金属等材料；非金属材料有碳纤维、工程塑料、树脂、橡胶、非金属泡沫材料以及非金属复合材料等。其中，高强度钢、铝合金、镁合金、钛合金、碳纤维、以塑代钢等材料是目前研究的热点。采用这些材料的目的是为了降低油耗、减少排放，达到车身轻量化设计的需求。

2. 发动机

图 2-37　发动机构造

电动汽车、新能源汽车等作为能源和解决环境问题的一种手段，目前正处于大力推广阶段。而传统的燃油发动机仍占据汽车行业的主要份额。汽车发动机按照燃料可分为：汽油发动机、柴油发动机、天然气发动机等。以汽油发动机为例，其构成零部件主要有：汽缸盖、汽缸体、油底壳、活塞、活塞环、连杆、曲轴、飞轮、凸轮轴、气门、齿轮、弹簧等，如图 2-37 所示。

汽缸盖、汽缸体可采用铝合金、镁合金、铸铁等材料，目前用铝合金材料较多；油底壳一般采用冲压结构或铸铝结构；活塞受力比较复杂，其不仅承受往复惯性力，还要承受燃烧爆炸产生的激振力、还要耐高温等要求,其材料可采用钢、铝合金、铝基复合材料、组合式陶瓷等材料,对于轿车活塞常用共晶(亚共晶)Al-Si合金材料;连杆可采用钛合金(一般用于高档轿车)、合金钢、可锻铸铁、球墨铸铁、粉末冶金等材料;曲轴可分铸造曲轴和锻造曲轴,铸造曲轴主要用于中、轻型柴油机,中、轻型负荷的发动机通常采用40Cr、50MnB或45等材料。

3. 底盘

底盘由传动系、行驶系、转向系和制动系4部分组成,如图2-38所示。传动系一般由离合器、变速器、万向传动装置、主减速器等组成;行驶系一般由车桥、车轮和悬架等组成;转向系一般由转向操纵机构(转向盘、转向轴、转向管柱等)、转向器、转向传动机构组成;制动系一般由制动操纵机构和制动执行机构两部分组成。其中,前桥受力比较复杂,且与汽车安全和转向相关,一般不采用铸造机构。

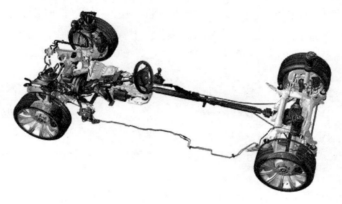

图2-38 汽车底盘

4. 电气系统

汽车电气系统由电源系统和用电设备两部分组成。电源系统又称充电系统,由蓄电池、发电机、调节器等装置组成;电气设备由起动系统、点火系统、仪表系统、照明与信号系统、辅助装置系统等装置组成。

二、汽车零部件常用材料介绍

1. 钢

制造汽车零部件所采用的钢材主要有:碳素结构钢、合金钢、弹簧钢、非调制钢、轴承钢、齿轮钢等。可以分为三大类:汽车大梁钢(结构钢板)、汽车内板和面板(深冲钢)、汽车轴类钢。随着科技的发展,新兴材料的研制和开发,钢在汽车材料所用的比例越来越小,但就目前使用情况,钢的使用仍然是占汽车材料的最大份额。如曲轴可采用40Cr、50MnB、42CrMo等合金钢,车身使用的冷轧和热轧普通钢板或高强度钢板等;半轴采用45、40Cr、碳锰钢、锰硼钢等;传动系统中的齿轮采用的20CrMnTi、22CrMoH、20CrNiMo等齿轮钢材料;车用悬架弹簧、气门弹簧使用60Si2Mn、50CrVA、55SiCr等弹簧钢材料;传动轴使用Q345、40Cr等传动轴专用钢管材料;轴承使用的GCr15、GCr18Mo等轴承钢。

2. 铸铁

铸铁可分为灰铸铁(简称灰铁)、白口铸铁、可锻铸铁(简称马铁、马钢)、球墨铸铁(简称球铁)、蠕墨铸铁等。灰铁牌号有HT100至HT350,其中HT代表灰铁,100代表最小抗拉强度为100MPa,其减振性能好,主要用于发动机缸体、变速器壳体或承压零部件等基体零部件上;白口铸铁一般用于耐磨性不高的抗磨铸件或作为可锻铸铁的白口坯件,具有较好的耐磨性,但材料比较脆,一般在汽车零部件上应用较少,生活中常应用于犁铧、磨片等耐磨件上;可锻铸铁是用白口铸铁经过热处理后制成有韧性的铸铁,牌号有KTZ300-06至KTZ700-02等,其中KTZ代表可锻铸铁,300代表最小抗拉强度为300MPa,06代表最小伸长率为6%,如应用于拖拉机的后桥外壳、转向机构、凸轮轴、曲轴、连杆等零部件;球铁牌号有QT350-22至QT900-2,其中QT代表球铁,350代表最小抗拉强度为350MPa,22代表延伸率为22%,球铁具有较好的强度、韧性和塑性,可以铸造形状各异且受力复杂的零部件,如曲轴可采用QT450-10、支架可采用QT500-7等;蠕墨铸铁兼有球墨铸铁和灰铸铁的性能,具有良好的综合性能,在高温下有较稳定的强度和较好的致密性、耐热性和耐磨性等性能,因此在汽车发动机缸体、排气管、汽缸盖上皆有应用,目前推荐使用代号为RuT300~RuT500,其中RuT代表蠕墨铸铁,300代表最小抗拉强度为300MPa。

3. 铝合金

铝合金材料优点很多,它的密度约是钢的1/3,延伸性好、耐腐蚀易回收,且其铸造性能良好,可加工成不同形状,是目前最为热门的轻量化材料之一。目前很多车型如奥迪A8、捷豹XFL、特斯拉等均已采用全铝车身。铝合金主要有2系列、5系列、6系列和7系列等。如发动机机体、缸盖、活塞、变速器壳体、轮毂、壳体类零部件等都可采用铝合金材料。

4. 碳纤维

碳纤维具有质量轻、刚性好、吸能性好、易塑性高、耐腐蚀等优点,一直为汽车零部件材料研究的热点。它是一种力学性能优异的新材料,密度不到钢的1/4,密度约为$1800kg/m^3$,抗拉强度一般都在3000MPa以上,是钢的7~9倍,抗拉弹性模量也高于钢,为21000~43000MPa,其泊松比一般大于0.3。一般可用于车身、后视镜壳、内饰门板、门把手、排挡杆、赛车座椅等零部件。

5. 橡胶

橡胶可分为天然橡胶和合成橡胶。一辆汽车的橡胶元件至少有100多个,如汽车轮胎、减振橡胶、密封圈、密封套、油封、密封胶条等。例如NBR丁腈橡胶广泛用于真空制动管,EPDM三元乙丙橡胶用于汽车水管系列,氟橡胶、丁腈橡胶等用于油封系列,聚氨酯橡胶应用于减振橡胶,天然橡胶、丁苯橡胶、顺丁橡胶应用于汽车轮胎等。

6. 工程塑料

工程塑料具有优良的综合性能,刚性大,蠕变小,机械强度高,耐热性好,电绝缘性好,可替代金属作为工程结构材料使用,可分为通用工程塑料和特种工程塑料两类。它在汽车上的应用日益增多,主要用作保险杠、燃油箱、仪表板、车身板、车门、车灯罩、燃油管、散热器以及发动机附属的零部件等。

三、在ANSYS Workbench中定义材料

1. ANSYSWorkbench中工程数据界面介绍

根据分析的类型以及材料的选择,需要在ANSYS Workbench进行添加、复制修改、新定

义、删除材料等操作。虽然在 ANSYS Workbench 的 Engineering Data 中对部分材料进行了定义，但大部分材料还需要读者修改、添加或新增材料。

启动 ANSYS Workbench 软件，打开 Block_Material.wbpj 文件，如图 2-39 所示。

1）查看模型

单击 A3 项 Geometry，右击弹出菜单，选择 Edit Geometry，如图 2-40 所示。此时弹出另外一个窗口为 DesignModeler，在该窗口中可以看到三块矩形体，如图 2-41 所示。

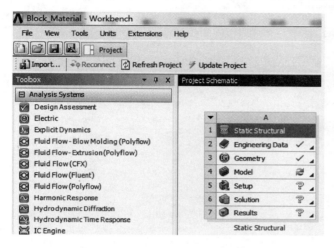

图 2-39 打开 Block_Material 项目文件

图 2-40 编辑 Geometry

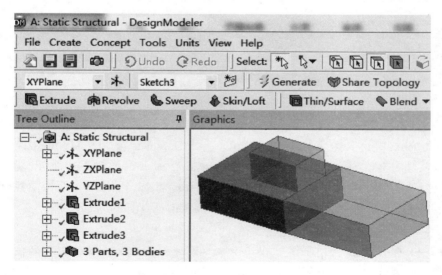

图 2-41 DesignModeler 界面

2）定义材料

分别对 DesignModeler 中的三块矩形体进行材料定义，矩形体 A 材料定义为 Aluminum Alloy、矩形体 B 材料定义为 40Cr、矩形体 C 材料定义为碳纤维 T700；下面分别采用从 Engineering Data Sources 中添加材料和在原有默认材料基础上复制材料以及新定义材料的方法来介绍。

双击 A2 项 Engineering Data，进入 Engineering Data 编辑窗口，原窗口只有 Structural Steel 一种材料，单击左上角的 Engineering Data Sources，如图 2-42 所示；然后单击 General Materials（通用材料列表），单击在 Aluminum Alloy 材料后面的 ，在 的后面会出现 ，即实现选中 Aluminum Alloy 材料，如图 2-43 所示；再次单击 Engineering Data Sources，回到 Engineering Data 界面，可以看到 Aluminum Alloy 出现在 Material 材料栏中，如图 2-44 所示。

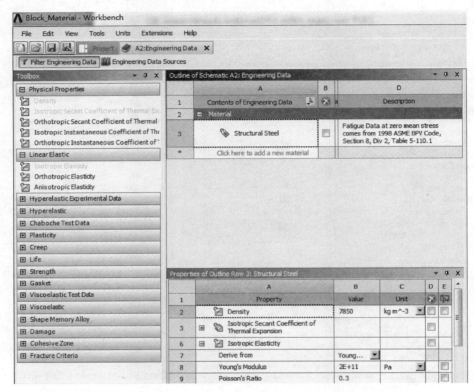

图 2-42　Engineering Data 界面

单击 Structural Steel，然后右击，弹出菜单，选择 Duplicate 复制材料，如图 2-45 所示；在 Material 材料栏中出现 Structural Steel 2，双击 Structural Steel 2，如图 2-46 所示，输入 40Cr，实现将复制材料的名称改为 40Cr；在 Properties Of Outline Row 5：40Cr 属性栏中找到 Isotropic Elasticity，并点开前面的 ，在 Young's Modulus 和 Poisson's Ratio 中分别输入 2.11E+11 和 0.277，如图 2-47 所示，实现材料的复制与修改。

如图 2-44 所示，单击灰色字体 Click here to add a new material，输入材料名称为 T700，单击，确定输入的名称，出现 T700，将左侧 Toolbox 中的 Physical Properties（物理属性）和 Linear Elastic（线弹性）前的 点开，将点开后的 Physical Properties 中 Density 和 Linear Elastic 中的 Isotropic Elasticity 分别拖曳（单击所需属性，按住鼠标左键不放手）至 T700 栏，待 符号出现，松开鼠标左键，实现新材料 T700 的材料属性定义，如图 2-48 所示；在材料属性栏的 Density 的黄色栏中填入 1.78kg/m^3，在 Young's Modulus 和 Poisson's Ratio 中分别输入 2.30E+11 和 0.307，新材料 T700 定义完毕。

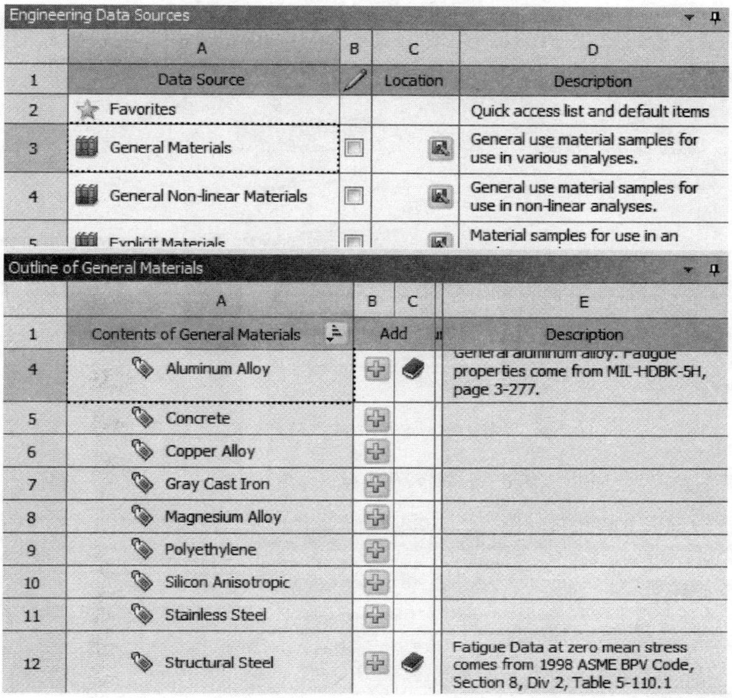

图 2-43 在 Engineering Data Sources 中添加材料

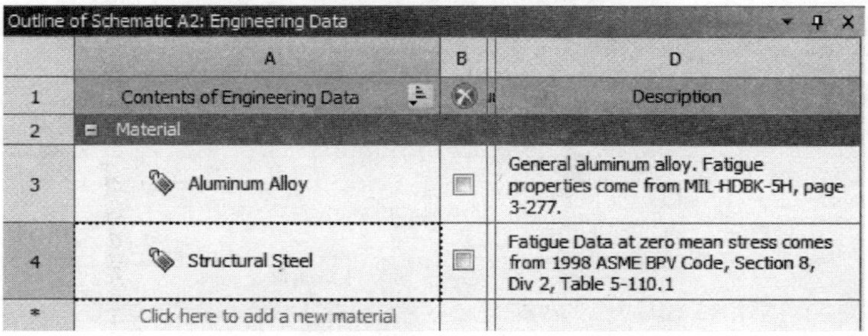

图 2-44 Aluminum Alloy 添加到 material 材料栏

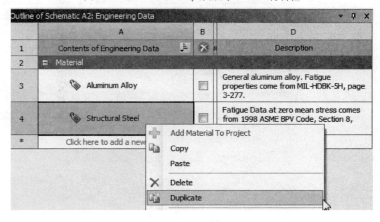

图 2-45 复制材料操作

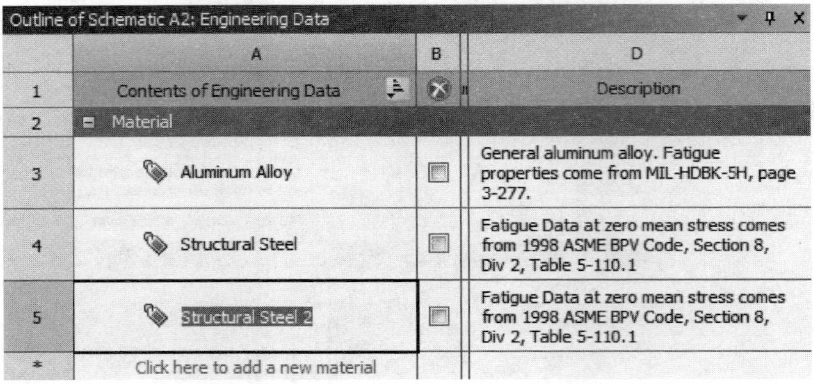

图 2-46 复制后更改材料名称

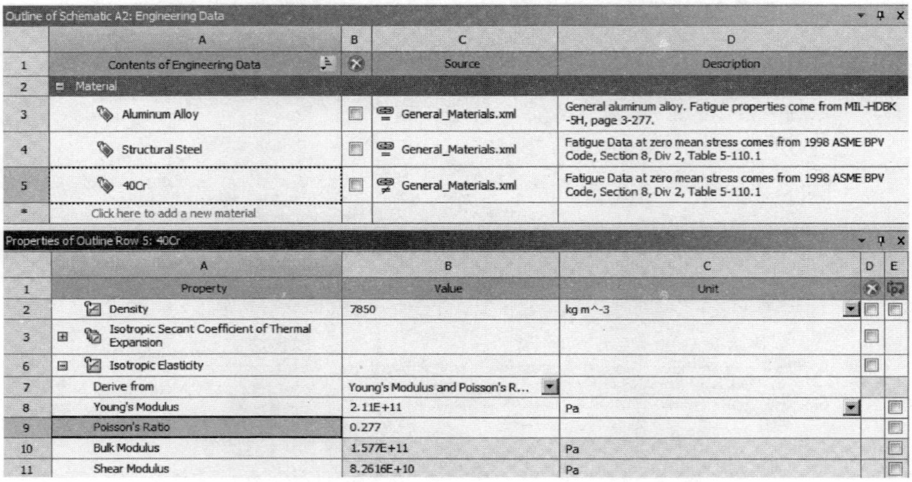

图 2-47 复制并修改材料属性

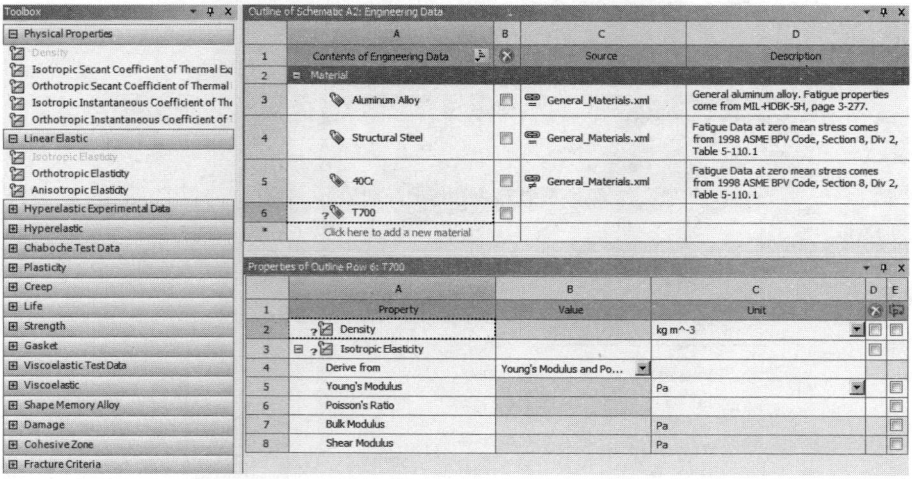

图 2-48 新定义材料

在图 2-48 中，出现 4 种材料，其中 Structural Steel 为多余的材料，需要将其删除。操作步骤为：单击 Structural Steel，然后右击，弹出菜单，选择并单击 Delete，即可删除 Structural Steel 材料，如图 2-49 所示。

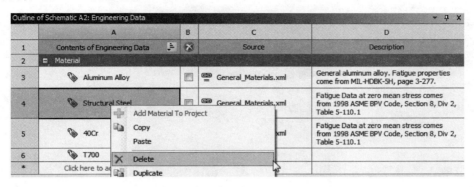

图 2-49　删除材料操作

至此，三种材料定义全部完成，如图 2-50 所示。单击左上角 Engineering Data ✕ 后面的 ✕，关闭 Engineering Data 界面，返回到 ANSYS Workbench 项目工作区。

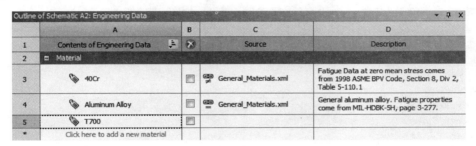

图 2-50　三种材料定义完成

3）进入分析界面，分配材料

双击 A4 项 Model，进入 Static Structural-Mechanical 分析界面，开始分配材料，如图 2-51 所示。

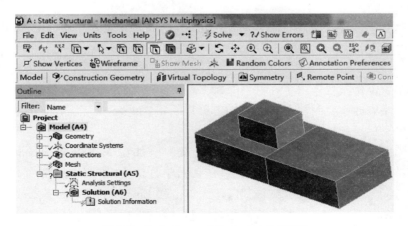

图 2-51　Static Structural-Mechanical 分析界面

如图 2-51 所示，🗎 Geometry 前有一个问号?，这个符号代表材料未分配或未定义，点开前面的⊞，出现三个零部件 A、B、C，如图 2-52 所示。

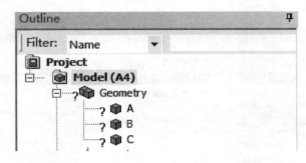

图 2-52　Geometry 的零部件未分配或未定义材料

单击🗎 A，在其下方的 Details of "A"中 Material 项的 Assignment 出现黄色空栏，代表此处需要进行分配材料，单击黄色栏空白处出现▶，单击▶出现下拉菜单，选择 Aluminum Alloy，如图 2-53 所示，矩形体 A 的材料分配完毕；同理将 40Cr 分配给矩形体 B、将 T700 分配给矩形体 C。所有材料分配完毕后，在各零部件🗎前会出现✓，则该零部件的材料分配完毕；当🗎 Geometry 前出现✓，则所有零部件的材料都分配完毕，如图 2-54 所示。

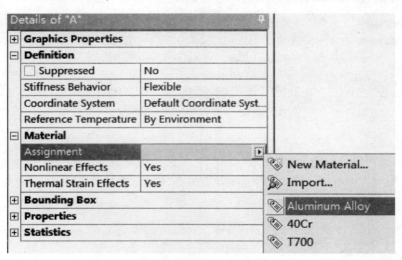

图 2-53　分配材料

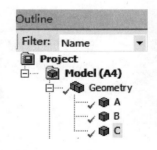

图 2-54　材料分配完毕

本例小结。本例主要学习了在材料库🗎 Engineering Data Sources 中查找材料，通过复制 Duplicate 方式来修改建立材料，另外通过 Click here to add a new material 方式来新建材料。

2. 如何定义材料或选择相应的材料

面对不同的分析，有时候其材料定义可能会不同。如在 ANSYS Workbench 静力学分析中最重要的是定义弹性模量 E 和泊松比 μ；在动力学分析中，需要增加密度 Density；在非线性分析中，材料需要定义非线性材料，其操作为单击🗎 Engineering Data Sources，然后单击🗎 General Non-linear Materials；疲劳分析需要对材料的疲劳参数进行定义；热分析需要对温度及相关参数进行定义等。

第三节 几何建模

有限元分析的第一步是需要建立数模,建立数模的方式有很多种。ANSYS Workbench 来说,可以直接通过 Geometry 模块来建模;也可以通过商业化的 CAD 软件建模,通过软件关联的方式直接导入到 Geometry 中;也可以将其他 CAD 软件建模的数据通过中间格式导入到 Geometry 中。

ANSYSWorkbench 的 Geometry 模块一方面作用是实现几何建模,另外一个重要的作用是对几何模型进行前处理,将模型进行转换和修复,并在 Geometry 模块中进行必要的处理。

一、CAD 软件关联建模

在 ANSYS Workbench 安装的时候,可以根据读者习惯和已经拥有的三维软件进行关联;若前期安装时未进行关联,在 ANSYS 目录下找到 Utilities →CAD Configuration Manager 15.0 进行后期关联三维软件,如图 2-55 所示。

二、导入几何建模

打开 ANSYS Workbench,鼠标左键选择工具箱 Toolbox 中的 Analysis Systems →Static Structural,并拖曳至项目管理区,当项目管理区呈现红色高亮显示 Create standalone system 时,放开鼠标左键,创建项目 A,如图 2-56 所示。

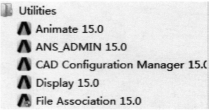

图 2-55 CAD Configuration Manager

在项目 A 中单击选择 A3 项 Geometry,右击(一般根据计算机反应快慢,等待一会),出现快捷菜单,如图 2-57 所示,选择 Import Geometry →Browse,打开窗口,找到光盘实例→第二章→实例→gearcontact.stp 文件,导入齿轮数模,如图 2-58 所示,此时 A3 项 Geometry 后的 变为 ✓,代表数模导入成功。

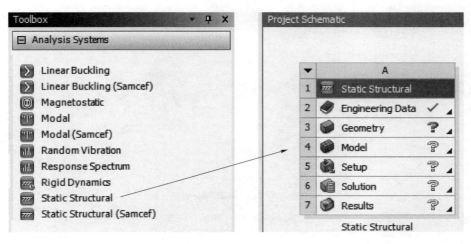

图 2-56 创建 Static Structural

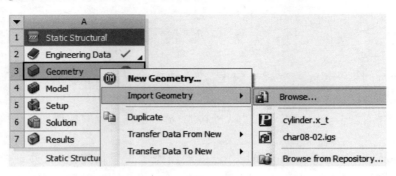

图 2-57　导入几何菜单

图 2-58　导入 gearcontact.stp 对话窗口

导入数模成功后，需要对模数进行确认或修补。双击 A3 项 Geometry，进入 Design-Modeler 模块，在目录树 Tree Outline 的 Import1 前显示为，表示数模需要再生 Generate，否则图形窗口不显示数模，如图 2-59 所示；单击菜单栏上 Generate 生成命令，即能显示 gearcontact 数模，如图 2-60 所示；此时目录树下的 Import1 前显示为。

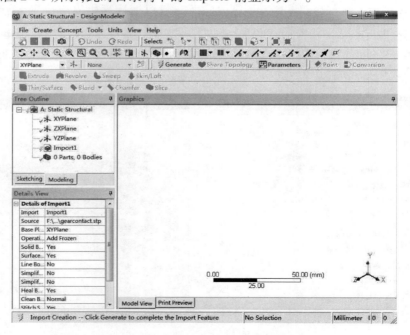

图 2-59　模数生成前的 DesignModeler 界面

单击 DesignModeler 模块右上角的 ，退出 DesignModeler 模块回到 Workbench 主界面，此时 A3 项 Geometry 前面的符号由 ▣ 转变为 ◉，导入几何建模过程完毕。

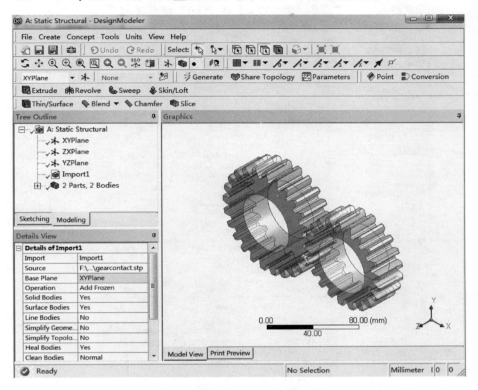

图 2-60　gearcontact 数模生成界面

三、通过 DesignModeler 模块自创建几何体

打开 Workbench 软件，建立静力学分析，路径 Toolbox →Analysis System →Static Structural，即可建立一个静力学分析流程：项目 A。双击 A3 项 Geometry，进入 DesignModeler 界面，如图 2-61 所示。首先对单位进行设置（新安装软件会弹出单位设置窗口），国际常用"Meter（米）"为通用单位，但对于汽车零部件来说，习惯用"mm（毫米）"作为工程常用单位，故后续分析基本采用"mm"为单位；可从主菜单栏中的 Units 进行设定，如图 2-62 所示，该设置只针对当前几何体有效。

也可以选择主菜单栏中的 Tools →Options…，弹出窗口，如图 2-63 所示，设置单位为 Millimeter，该设置是对 DesignModeler 几何建模长期有效。

在 DesignModeler 界面操作主要有主菜单、基本工具条、图形工具条、工作平面工具条、3D 建模工具条、目录树、图形窗口和详细信息窗口等。

1. 主菜单操作

其操作方式类似平常办公软件的操作，包括文件操作 File、建模操作 Create、概念模型 Concept、常用工具 Tools、单位设置 Units、图形显示方式 View 和帮助 Help，如图 2-64 所示。其中，对于初学者，需要掌握 View →Windows →Reset Layout，该命令适用于恢复界面。

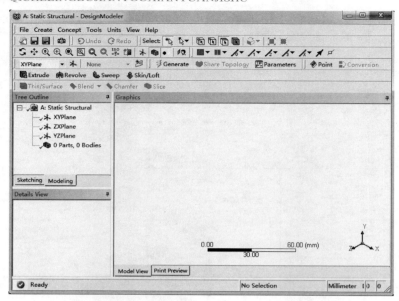

图 2-61　进入 DesignModeler 界面

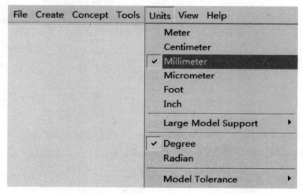

图 2-62　主菜单中 Units 设置

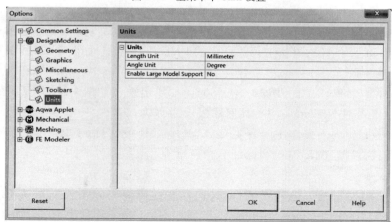

图 2-63　Options 中设置 Units

图 2-64　主菜单

2. 基本工具栏

基本工具栏包括一些常用的应用命令，如图 2-65 所示。包括新建文件、打开文件、保存文件，图像捕捉，撤销 Undo、恢复 Redo，切换鼠标工具和点、线、面、体选择工具。

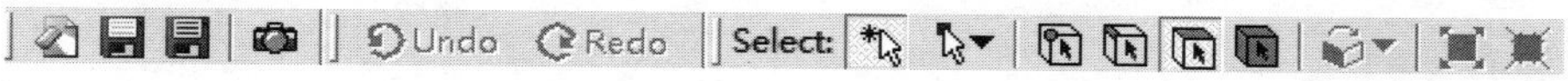

图 2-65　基本工具栏

3. 图形工具栏

采用图形工具栏可以对图形进行旋转、平移、缩放等操作；以及坐标、视角等控制操作，如图 2-66 所示。

图 2-66　图形工具栏

4. 工作平面工具栏

如图 2-67 所示，可以通过下拉箭头选择工作平面，通过单击新建工作平面，可通过单击新建草绘等操作。

图 2-67　工作平面工具栏

5. 3D 建模工具栏

如图 2-68 所示，通过 3D 建模工具栏可完成拉伸、旋转、扫略、蒙皮等操作。

图 2-68　3D 建模工具栏

6. 其他工具栏

如 Tree Outline 导航树是整个建模过程的体现；Graphics 图形窗口用来显示几何模型等。根据图 2-69 建立推力杆数模。具体建模步骤如下：

（1）打开 ANSYS Workbench 软件，建立一个分析 Static Structural，保存，命名为 Trust_rod，双击项目中的 Geometry 选项，弹出一个新 DesignModeler 窗口，在目录树中选择 XY-Plane，调整平面方向（单击屏幕右下方全局坐标系的 Z 轴），如图 2-70 所示。

图 2-69　推力杆模型

（2）单击 Sketching，弹出草绘工具箱，如图 2-71 所示。选择 Draw →Line，在 Graphics 图

形窗口中,画第一个草绘(梯形),并在草绘工具箱选择 Dimensions →General,对梯形进行约束,具体如图 2-72 所示。

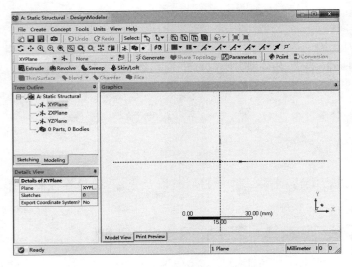

图 2-70　DesignModeler 中调整平面

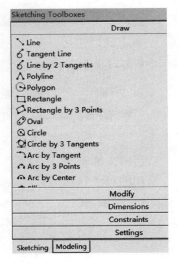

图 2-71　草绘工具箱

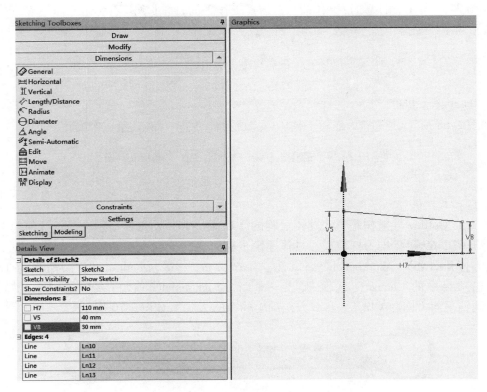

图 2-72　绘制第一个草绘并约束

(3)单击 Modeling,选择 XYPlane 下的 Sketch1,选择 3D 建模工具栏上的 Revolve,在

Detail View(屏幕左下方)中的 Geometry 已经选择 Sketch1,Axis 选择 X 轴,如图 2-73 所示;单击上方的 Generate 再生,生成的图形如图 2-74 所示。

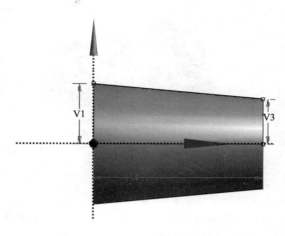

图 2-73 Revolve 详细设置   图 2-74 旋转的3D图形

(4)在 XYPlane 下新建 Sketch2。单击导航树 Tree Outline 下的 XYPlane,并在工作平面栏上单击 新建草绘 Sketch2,如图 2-75 所示。选中新建的 Sketch2,单击 Sketching,切换到草绘界面。单击 Draw→ Circle,在 XY 平面的圆锥大端面中心画直径为 125mm 的圆,如图 2-76 所示。单击 Dimensions→ Diameter,标注圆直径为 125mm。

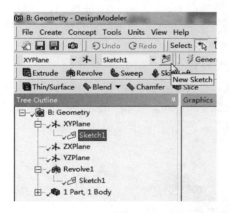
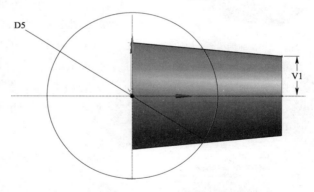

图 2-75 新建草绘 Sketch2   图 2-76 在 Sketch2 中绘制圆

(5)切换至 Modeling 界面,单击 3D 建模工具栏上的 Extrude,在 Details View 将 Geometry 选择 Sketch2 后,单击 Apply 应用,在 Direction 项的下拉菜单中选择 Both-Symmetric,在 FD1,Depth 选项中填入 45mm,单击 Generate,实现对称拉伸共 90mm(单边 45mm),如图 2-77 所示。

(6)在 Modeling 界面下,用面工具选择 125mm 圆柱端面,将工作界面切换至 Sketching,单击 Draw→ Circle,画直径为 96mm 的圆,单击 Dimensions→ Diameter,标注圆直径为 96mm;在将草绘界面切换至 Modeling 界面,选择 Extrude,在 Details View 中,在 Geometry 选择导航树中 Plane1 展开后的草绘 Sketch3(一般为默认草绘,此步可以省略),在 Operation 选项的下拉菜单中选择 Cut Material（切除材料），并在 Extent Type 选项的下拉菜单中选择 Through All（穿过所有），单击 Generate，效果如图 2-78 所示。

图 2-77　对称拉伸　　　　　　　　　图 2-78　拉伸切除

（7）用面工具选择锥形体的端面，将工作界面切换至 Sketching，单击 Draw→ Circle，画直径为 45mm 的圆，单击 Dimensions→Diameter，标注圆直径为 45mm；在将草绘界面切换至 Modeling 界面，选择 Extrude，在 Geometry 选择导航树中 Plane2 展开后的草绘 Sketch4（一般此步可以省略），在 Details View 的 FD1，Depth 选项中填入 60mm，单击 Generate，如图 2-79 所示。

（8）选择 Blend 进行倒圆角，选择倒圆角部位如图 2-80 所示，在 Details View 中输入倒圆角半径为 60mm，单击 Generate。

（9）继续倒圆角，如图 2-81 选择倒圆角部位，在 Details View 中输入倒圆角半径为 3mm，单击 Generate，倒圆角后的效果如图 2-82 所示。

图 2-79　在圆锥端面上拉伸圆柱体

（10）在导航树的 XYPlane 下，在工作平面栏上单击 新建草绘 Sketch5；将工作界面切换至 Sketching，单击 Draw→ Line，以锥体的小端面圆周上一点为直线的起点，画长 465mm，宽 7.5 的矩形。将草绘界面切换至 Modeling 界面，选择 Revolve，其 Details View 设置如图 2-83 所示，注意在 Operation 选项的下拉菜单中选择 Add Frozen，单击 Generate。

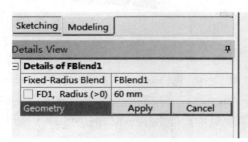

图 2-80　倒 60mm 圆角

（11）在基本工具条上选择体（图 2-84），在图形界面（工作界面）选择杆头，右击，选择快捷菜单中的命令 Hide Body，将杆头隐藏。再选择 chamfer 倒角命令，将推力杆轴管的两端内孔倒角 4×4mm，单击 Generate，如图 2-85 所示。

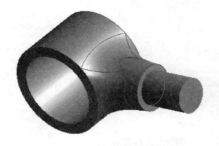

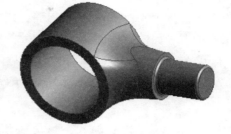

图 2-81 倒圆角部位

图 2-82 倒圆角 3mm 效果

Details View	
Details of Revolve2	
Revolve	Revolve2
Geometry	Sketch5
Axis	2D Edge
Operation	Add Frozen
Direction	Normal
FD1, Angle (>0)	360 °
As Thin/Surface?	No
Merge Topology?	Yes
Geometry Selection: 1	
Sketch	Sketch5

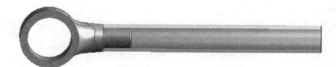

图 2-83 Revolve 详细设置

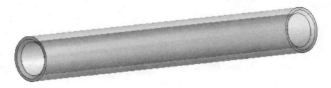

图 2-84 推力杆轴管

图 2-85 推力杆轴管倒角

(12)右端的杆头可参照步骤(1) ~ (9)进行。

(13)保存。

四、抽取中面

在汽车零部件中,有很多实体可以简化成板梁结构。如货车的车架、发动机支架等结构都可以采取抽取中面的方式,来简化有限元的模型,减少有限元仿真计算量。

(1)打开 ANSYS Workbench,打开 光盘中的实例→第二章→mid_surface.wbpj 项目文件,双击 A2 项 Geometry,进入 DesignModeler 界面,三维如图 2-86 所示。

图 2-86 梁三维实体结构

(2)抽取中面。单击主菜单栏 Tools→ Mid-Surface,在 Details View 中,将 Selection Method 项改为 Automatic,在 Minimum Threshold 和 Maximum Threshold 中输入 1mm 和 5mm;在 Find Face Pairs Now 中选择 Yes,如图 2-87 所示;最后单击 Generate,完成抽取中面,如图 2-88 所示。

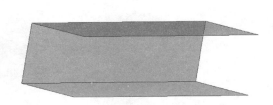

图 2-87 Mid-surface 自动模式参数设置   图 2-88 抽取中面后的三维

五、概念梁

在车辆零部件中,有些零部件可以用概念梁进行有限元分析。利用好梁单元有利于减少有限元模型的仿真数据量,提高仿真计算的效率。

建立概念梁的关键步骤有四步,第一步画直线;第二步定义直线为概念梁;第三步定义概念梁的截面;第四步将截面赋予概念梁。

(1)打开 ANSYS Workbench,新建一个 Static Structural 分析,双击 Geometry,进入 Design-

Modeler 界面。

（2）第一步画直线。单击 Sketching，调整作图平面（可以单击右下角的 Z 轴）。单击 Draw →Line，在 XYPlane 平面中以原点为起点，画直线，通过 Dimensions →General 定义直线长度为 1000mm（单击 General 后，将鼠标移至直线并单击，在左侧的 Details View 中输入 1000，注意单位为 mm）。

（3）第二步定义直线为概念梁。单击 Modeling，选择 Concept→ Lines from Sketches。将目录树下的 XYPlane 前的⊞点开，单击选中 Sketch1；在 Lines from Sketches 的 Details View（一般在左下角）的 Base Objects 单击 Apply，即选中 Sketch1，单击 Generate，完成第二步。

（4）第三步定义概念梁的截面。选择 Concept→ Cross Section→ ■ Rectangular（即选中矩形截面），截面定义为 10mm × 10mm（默认状态）。

（5）第四步将截面赋予概念梁。单击 ⊞ 1 Part, 1 Body 前的 +，单击 Line Body，在 Details View 的 Cross Section 黄色栏目中 Not selected，选中 Rect1，如图 2-89 所示。

（6）关闭几何建模 DesignModeler 模块（单击右上角的 ×），进入项目界面。

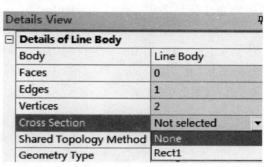

图 2-89　概念梁赋予截面

（7）双击 A4 项 Model，进入 Mechanical 分析界面。单击 Mesh 项，右击选择 Generate Mesh，自动划分网格，如图 2-90 所示。

图 2-90　概念梁网格划分

（8）单击 Static Structural（A5），右击 Insert→ Fixed Support，选择基本工具栏中点工具（一般在上方），在图形工作区域选择梁直线的左侧端点，单击 Details of "Fixed Support" 中的 Apply 按钮，如图 2-91 所示。

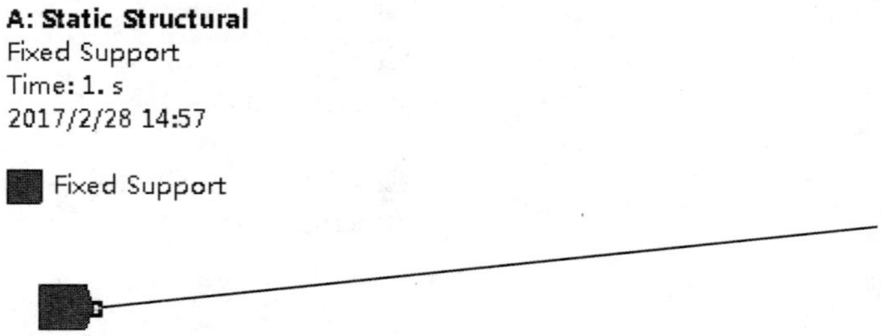

图 2-91　梁的左端点约束

（9）右击 Insert→ Force，选择直线的另一个端点，在 Details of "Force" 中 Geometry 中单击 Apply 按钮，在 Define By 选项中选择 Components，在 Y Component 中填入 −100N（力的方向与 Y 轴正方向相反），如图 2-92 所示。

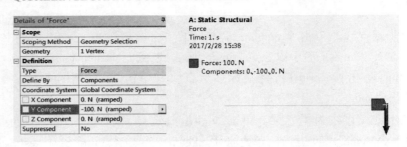

图 2-92 梁右端受力设置

（10）单击目录树下的 Solution(A6)，右击 Insert →Deformation →Directional（分析单一方向的变形），单击刚新建的 Directional Deformation，在其 Details 细节栏中选择 Orientation 方向为 Y Axis；继续右击 Insert →Beam Tool → Beam Tool，此时目录树出现 Beam Tool，然后右击插入 Insert →Beam Tool →Stress →Maximum Bending Stress（此命令用来求梁的最大弯曲应力），如图 2-93 所示。

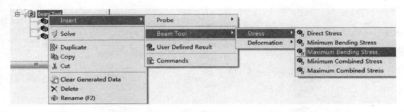

图 2-93 梁的最大弯曲应力命令

（11）单击目录树下的 Solution(A6)，右击 Solve。

（12）分析结果如图 2-94 和图 2-95 所示，最大变形为 -2mm，最大弯曲应力为 6MPa。

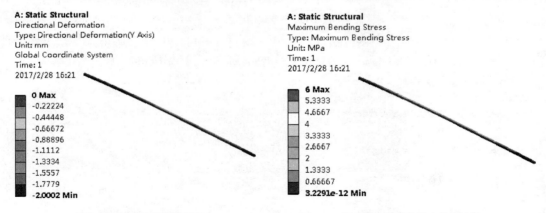

图 2-94 梁变形分析结果　　　　图 2-95 梁弯曲应力分析结果

第三章 Workbench 网格划分技术

第一节 ANSYS Workbench 网格划分简介

一、网格划分概述

网格划分是有限元分析的很重要一部分,网格划分的质量和密度会影响分析数据的准确性。在网格划分时,并不一味强调网格的密度越大越好,一般希望网格的密度够用就行,以减少仿真的运算量。

有限元计算中网格的节点和单元参与运算,而我们进行网格划分,主要是对分析的几何选用合适的单元进行网格划分,确定网格单元的大小,保证计算结果的精度和准确性。

在 ANSYS Workbench 中单独提供了 Mesh 网格划分平台,可以对网格进行单独划分。在分析系统中(即建立一个分析项目),也提供了 Mesh 工具。

二、Workbench 中网格划分模块介绍

在 Workbench 中,网格划分的模块有四种,分别是 Mechanical(结构动力学)、Electromagnetic(电磁场分析)、CFD(流体分析,运用于 ANSYS CFX 和 ANSYS Fluent)和 Explicit(显示动力学分析),如图 3-1 所示。本书只介绍在 Mechanical 模块下的网格划分。

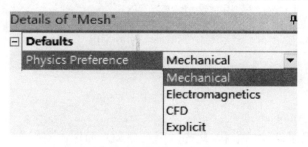

图 3-1　网格划分的模块

第二节　网格划分的种类

一、面体或壳体二维几何网格划分

对于面体或壳体二维(2D)几何,Workbench 提供的网络划分方法如图 3-2 所示。
(1)Quadrilateral Dominant,四边形单元主导。

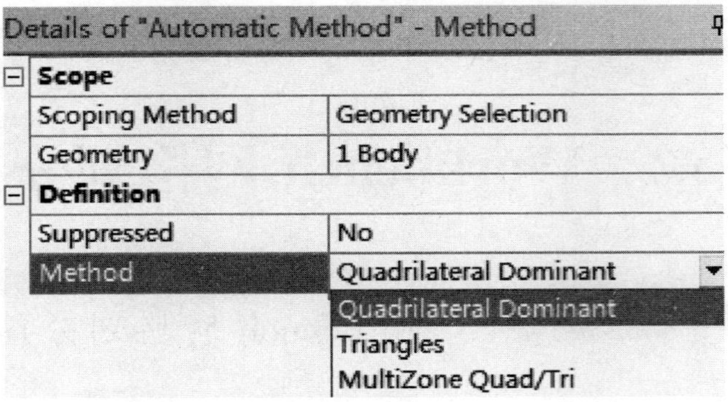

图 3-2 2D 几何网格划分方法

(2) Triangles,三角形单元。
(3) MultiZone Quad/Tri,多区四边形/三角形网格划分。

二、三维几何体网格划分

对于三维实体(3D),网格划分方法有自动划分 Automatic、四面体 Tetrahedrons、六面体占支配 Hex Dominant、扫略 Sweep 和多域划分法 MultiZone,具体如图 3-3 所示。

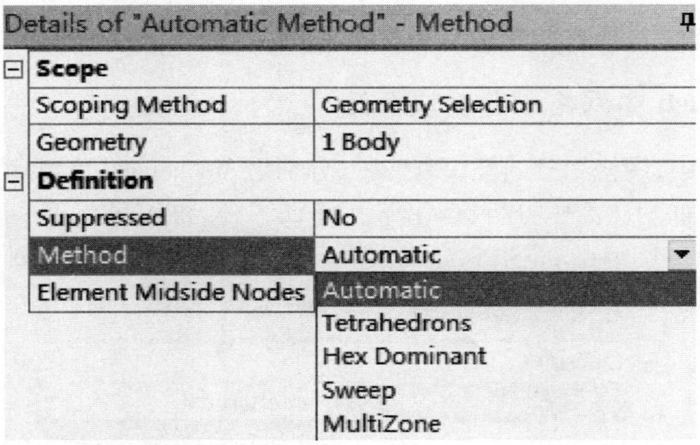

图 3-3 3D 几何网格划分方法

1. 自动划分法(Automatic)

自动划分法根据零部件的形状,优先选用扫略和六面体占支配方式进行划分,再选用四面体划分方法进行网格划分。

2. 四面体划分法(Tetrahedrons)

四面体网格对于大多数零部件都能使用,且能够快速、自动地生成,并适合于复杂的几何体。

在四面体算法中有 Patch Conforming 算法和 Patch Independent 算法,如图 3-4 所示。

1) Patch Conforming 算法

自底而上划分方法;所有几何边界均可被表达;对几何模型的质量有一定的要求,需要一定量的几何清理工作,如图 3-5 所示。(特点:考虑几何的线和面生成表面网格,然后由表

面网格生成体网格)

2)Patch Independent 算法

自顶而下划分方法;几何边界可能会被忽略;对质量差的几何模型容忍度更高,如图3-6所示。(特点:先生成体网格,再映射到面和线产生表面网格)

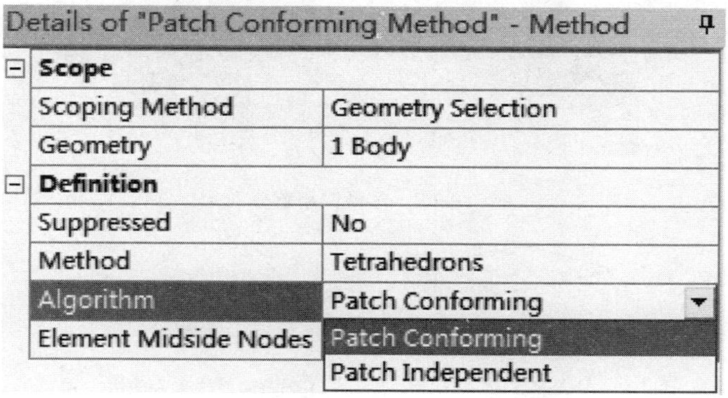

图 3-4 四面体划分算法

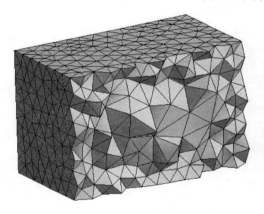

图 3-5 Patch Conforming 算法网格划分

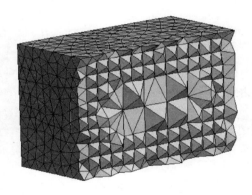

图 3-6 Patch Independent 算法网格划分

3. 六面体占支配方式(Hex Dominant)

使用六面体网格可以使用较少的单元数量来进行求解。若网格采用相同的单元数量进行分析,六面体的运算速度比四面体的运算速度要慢,运算量要大一些。六面体网格首先生成四边形主导的面网格,然后得到六面体,最后根据需要填充棱锥和四面体单元。该方法适用于不可扫略的体或内部容积大的三维。

4. 扫略划分法(Sweep)

通过扫略的方法进行网格划分,网格大多数是六面体单元,也可能是楔形体单元。

5. 多域划分法(MultiZone)

多域划分法主要用来划分六面体。其特点是具有几何体自动分解功能,从而产生六面体网格(默认情况下)。如图3-7所示,一个复杂的几何由一个立方体和两个圆柱体组合形成的结构。

3D 网格的类型常见的有四面体、六面体、棱锥和棱柱,如图3-8所示。

图 3-7　多域网格划分

a)四面体(非结构化网格)　　b)六面体(通常为结构化网格)　　c)棱锥(四面体和六面体之间的过渡)　　d)棱柱(四面体网格被拉伸时形成)

图 3-8　3D 网格常见类型

第三节　全局网格控制

在 ANSYS Workbench 中可以通过对 Details of "mesh"中的各项参数进行不同的设置,可以达到全局网格控制效果,图 3-9 所示为 Details of "mesh"的默认参数。

图 3-9　Details of "mesh"默认参数

一、Defaults 选项

Defaults 项中 Physics Preference 中默认 Mechanical（结构分析），相关性 Relevance 其值范围为-100～0～100，可通过鼠标拖动滑块来调整网格的疏密程度，如图 3-10 所示。滑块移动到最左边为-100，网格最疏；移动到最右边为 100，网格最密。

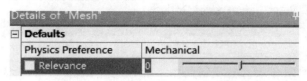

图 3-10　相关性 Relevance 设置

二、Sizing（尺寸控制）选项

（1）Use Advanced Size Function 一般情况下选择 Off；若为其他选项，则在划分网格时，系统会根据选项的要求自动加密或改变操作者预先定义的网格划分单元的大小。

（2）Relevance Center 为关联中心，其选项有 Coarse（粗糙）、Medium（中等）、Fine（精细）三种，几何模型的节点数和单元数量随之增加，达到细化网格的目的。

（3）Element Size 项中可以直接定义单元尺寸大小。

（4）Initial Size Seed 为初始尺寸种子控制，该参数用来控制每一个部件的初始网格种子，此时已定义单元的尺寸会被忽略。该项有三个下拉选项：Active Assembly 为激活装配体，该选项为默认选项，初始种子放入为抑制部件，网格可以改变；Full Assembly 为全体装配体，初始种子放入装配部件，网格不改变；Part 为部件，初始种子放入个别特殊部件，网格不改变。

（5）Smoothing 为平滑，是通过移动周围节点位置和单元节点位置来改进网格质量，有三个下拉选项：具体为 Low，主要用于结构计算；Medium，主要用于流体动力学和电磁场计算；High，主要用于显示动力学计算。（Smoothing 不需人为调整干预，系统默认即可）

（6）Transition 为过渡，用于控制邻近单元增长比，此项有两个下拉选项，Fast 快速和 Slow 慢速，Fast 主要用在 Mechanical 和 Electromagnetic 分析类型，快速产生网格过渡；Slow 主要用在 CFD 和 Explicit 分析类型中，慢速生成网格过渡。（此项也由系统默认设置）

（7）Span Angle Center 为跨度中心角，用于设定基于边细化的曲度目标，控制网格在弯曲区域的细分，直到单独单元跨越这个角。注意跨度中心角只有在 Advanced Size Function 关闭时方可起作用。其下拉列表有三项选项：粗糙（Coarse）角度范围 91°～60°；中等（Medium）角度范围 75°～24°；细化（Fine）角度范围 36°～12°。

三、Inflation 膨胀层

用于增加接触的边界层，用于计算流体力学（CFD）分析中。

四、Advanced 选项

Advanced（网格高级选项）一般情况下也不需设置，系统默认即可，如图 3-11 所示。

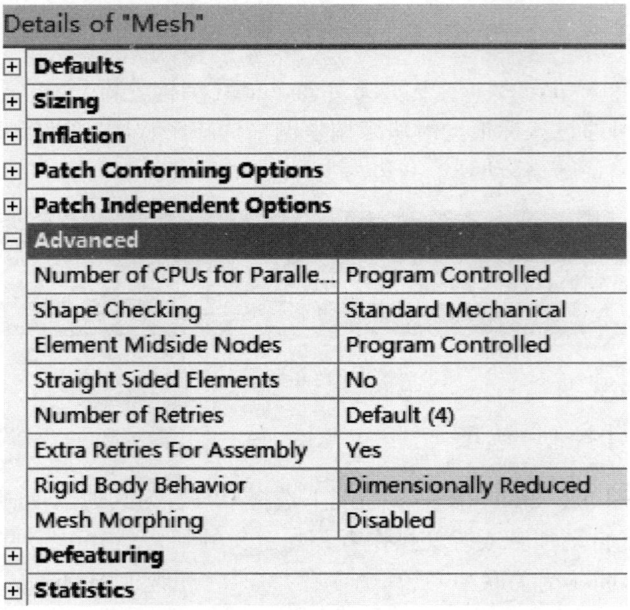

图 3-11 Advanced 选项

五、Statistics 选项

Statistics 网格评估统计，当几何模型完成网格划分后，会统计显示 Nodes 节点数和 Elements 单元数。Mesh Metric 用来评估网格质量，如图 3-12 所示，此项有 Element Quality、Aspect Ratio、Jabobian Ratio 等，具体可以参考文献[5]。

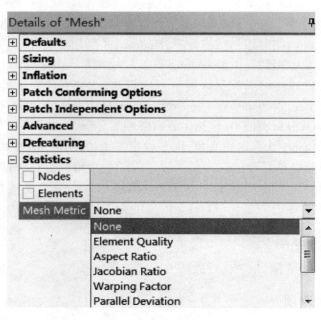

图 3-12 Statistics 网格评估统计

第四节 局部网格控制

根据所使的网格划分方法,可用到的局部网络控制有 Method(网格划分方法)、Sizing(单元尺寸)、Contact Sizing(接触尺寸)、Refinement(细化)、Mapped Face Meshing(映射面划分)、Match Control(匹配控制)、Pinch(收缩)及 Inflation(膨胀)等,如图 3-13 所示。

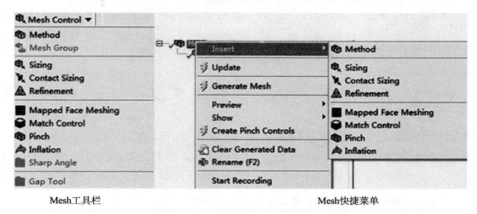

图 3-13　Mesh 局部网格控制项

1. Sizing(单元尺寸)

通过 Sizing 操作,可以对线、面、体和多个零部件进行单独控制,可输入单元尺寸大小,对局部或个别零部件进行网格划分控制。

2. Contact Sizing(接触尺寸)

先提条件是有两个或两个以上的零部件产生的接触,对接触部位进行单独网格划分。

3. Refinement(细化)

用于细化点线面网格,对 CFX 和 Independent Tetra 不可用。

4. Mapped Face Meshing(映射面划分)

用于均匀化面网格,扫掠时用于产生源面径向份数,与 size 定义源和目标面来对网格更正。

5. Match Control(匹配控制)

用于周期匹配,处理边、多样面、膨胀层。

6. Pinch(收缩)

用于对点和边收缩,支持 Conforming 四面体、薄实体扫掠、六面体控制划分、四边形控制表面网格划分、所有三角形表面划分,可在 CFD 中用于移除长边短边尖角。

第四章　接　　触

当几何模型中存在多个部件时，需要确定部件之间的相互关系。接触是部件之间相互作用的一种形式。在结构中，接触防止了部件之间的相互渗透，同时也进行部件之间的载荷传递。接触定义后，会产生表面接触单元。

第一节　接触的类型

在 ANSYS Workbench 中共有六种接触类型，分别为：绑定接触 Bonded、不分离接触 No Separation、无摩擦接触 Frictionless、粗糙接触 Rough、摩擦 Frictional、迫使滑动摩擦 Forced Frictional Sliding，如图 4-1 所示。

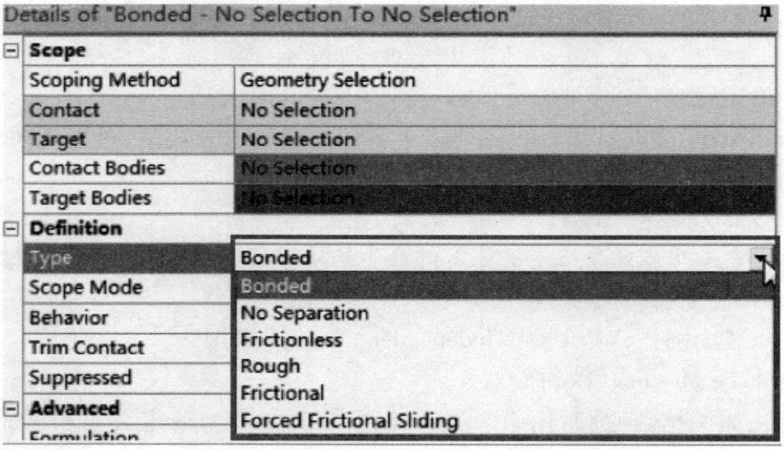

图 4-1　接触类型

（1）绑定接触 Bonded：使用绑定以后，在接触面或者接触边之间不存在切向的相对滑动或者法向的相对分离。这是默认的接触类型，适用于所有的接触区域（实体接触，面接触，线接触）。

（2）不分离接触 No Separation：与绑定类似。在接触面或者接触线之间不允许发生法向的相对分离，但是允许发生少量的切向无摩擦滑动。

（3）无摩擦接触 Frictionless：用于模拟无摩擦的单边接触。所谓单边接触，即：一旦两个物体之间出现了分离，则法向力就为零。因此当外力发生改变时，接触面之间可能会分开，也可能会闭合。这种情况下假设摩擦系数为零，即当发生切向相对滑动时，没有摩擦力。

（4）粗糙接触 Rough：与无摩擦接触类型相似。它模拟非常粗糙的接触，保证两个物体之间只是发生静摩擦，而不会发生切向的滑移，从而不会产生滑动摩擦。它相当于在两个物体之间施加了无限大的摩擦系数。

（5）摩擦 Frictional：这是最符合实际情况的接触，两个接触面之间既可以法向分离，也可以切向滑动。当切向外力大于最大静摩擦力后，发生切向滑动。一旦发生切向滑动后，会在接触面之间出现滑动摩擦力，该滑动摩擦力要根据正压力和摩擦系数来计算。此时需要用户输入（或设定）摩擦系数。

（6）迫使滑动摩擦 Forced Frictional Sliding：该选项只对刚体动力学适用。它与 Frictional 类型类似，只是没有静摩擦阶段。此时，系统会在每个接触点上施加一个切向的阻力。该切向阻力正比于法向接触力。

打开光盘实例第四章中的 Contact.wbpjt，双击项目界面 Model(A4)项进入 Mechanical 界面，在目录树下单击 Connections，（两个以上物体接触部位）系统会自动接触对，点田⋯⋯Contacts 前的田，展开后出现⋯⋯ Contact Region，单击 Contact Region，在左下方出现 Details of "Contact Region"，其中 Definition →Type 中的选项默认为 Bonded，具体如图 4-2 所示。

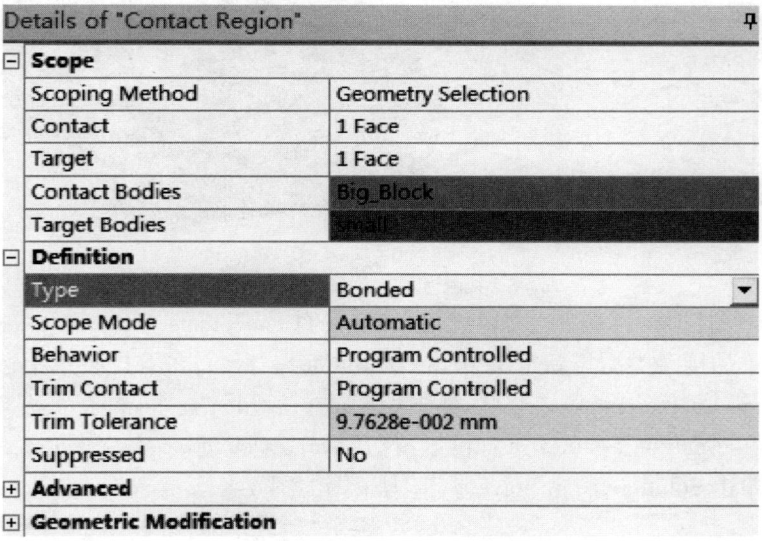

图 4-2 Contact Region 详细设置

在 Details of "Contact Region" 的设置中，需要注意 Scope 中 Contact（接触区）和 Target（目标区）软件自动选中的接触区域是否符合实际情况，另外可根据实际情况选取接触的类型（Definition →Type）。

如图 4-3 所示，小矩形体（small）在大矩形体（Big_Block）上，两个矩形体之间存在接触。小矩形体尺寸为 15mm×10mm×10mm，密度为 7.8g/mm^3。在小矩形体的一个端面施加 0.234N 的推力，大矩形体的底面采用固定约束 Fixed Support，如图 4-4 所示。接触分别用绑定接触 Bonded 和摩擦 Frictional 对两个矩形体的接触应力进行分析，网格自动划分，若在摩擦状态下，摩擦系数设定为 0.2。

（1）接触为绑定接触 Bonded 时，直接单击 Solution，右击 Solve，其应力云图如图 4-5 所示。

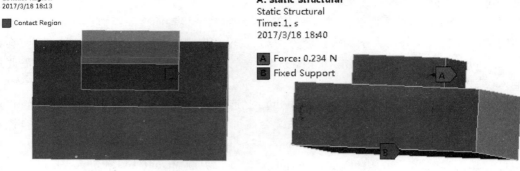

图 4-3　两矩形体的接触情况　　　　图 4-4　两矩形体边界条件设定

图 4-5　接触为绑定接触时的应力云图

(2) 接触为摩擦 Frictional 时,需要对目录树下的 Connections→Contacts→Contact Region 下方的详细栏中的接触类型重新定义,单击 Definition→Type,在下拉菜单中选择 Frictional,此时出现 Friction Coefficient,填入 0.2,具体如图 4-6 所示。在求解前,需要对目录树下的 Static Structure→Analysis Settings 进行设置,打开 Large Deflection 大变形开关,具体如图 4-7 所示。然后再单击 Solution,右击 Solve,其应力云图如图 4-8 所示。

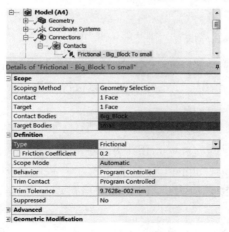
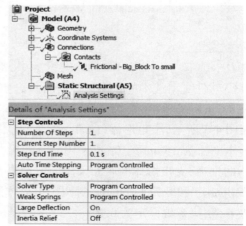

图 4-6　摩擦 Frictional 的详细设置　　　图 4-7　Analysis Settings 的详细设置

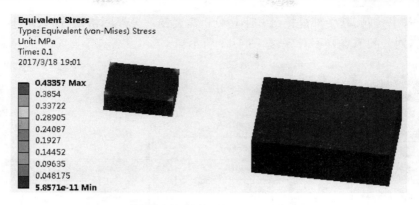

图 4-8　接触为摩擦(摩擦系数为 0.2)时的应力云图

第二节　接触的选用

一、接触的特点

实际上,接触就是依据两个物体之间是否有切向和法向的相对分离来进行划分的。在两个相互接触的物体之间,也只能发生这两种运动:即在法线方向上是否分开和在切线方向上是否发生相对移动两种。

在 ANSYS Workbench 中提供了 6 种接触,除了迫使滑动摩擦 Forced Frictional Sliding 只适用于动力学外,其他 5 种接触也有各自的特点,具体见表 4-1。

接 触 特 点　　　　　　　　　　　　　　　　　　　　表 4-1

接 触 类 型	迭 代 次 数	法 向 分 离	切 向 分 析
Bonded	一次	无间隙	不允许
No Separation	一次	无间隙	允许滑移
Rough	多次	允许有间隙	不允许
Frictionless	多次	允许有间隙	允许滑移
Friction	多次	允许有间隙	允许滑移

二、多个汽车零部件接触和网格划分

有限元分析的对象有时是由多个汽车零部件装配而成的,在设置其接触和网格划分时,需要从不同的零部件的受力和分析情况进行不同的设置。

打开 ANSYS Workbench 软件,新建一个 Static Structural 分析,单击 Geometry,右击 Import Geometry→Browse,如图 4-9 所示,打开光盘实例文件夹第四章中的 axle_housing.x_t,导入数模。双击项目中 Geometry,进入 DM 界面,单击 Generate,如图 4-10 所示。

图 4-10 中 AXLE_TUBE 轴头与 AXLE_HOUSING 桥壳本体焊接为一体,但两者材料分别为 40MnB 和 Q460。另外 REAR_COVER 后盖与 AXLE_HOUSING 桥壳本体也是焊接为一体的,后盖的材料为 Q235。若在项目界面中直接双击 Model,进入 Mechanical 分析界面,软件

会自动生成若干接触,其中部分接触并不是分析需要的。另外网格划分时,由于两个独立的零部件,网格划分的节点并不对齐,如图4-11所示。

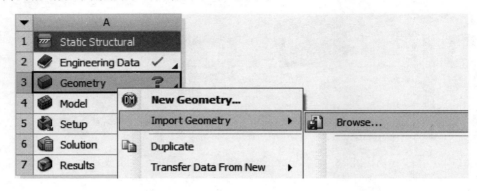

图4-9 导入数模步骤

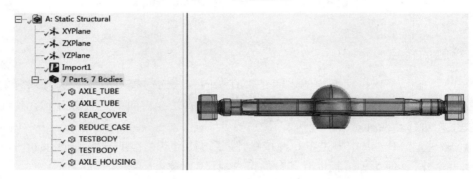

图4-10 DM中桥壳总成三维

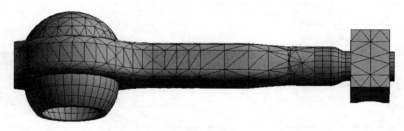

图4-11 独立的零部件之间网格节点不对齐现象

若在DM界面中,对三维数模进行分析和前处理,根据桥壳总成的实际情况,可以将AXLE_TUBE轴头、AXLE_HOUSING桥壳本体和REAR_COVER后盖三者采用Form New Part(组合)命令,具体如图4-12所示。

当多个零部件在采用Form New Part组合之后,其零部件间的接触在Mechanical分析中可以删除,以避免接触单元带来的运算量,节约分析时间;且在划分网格时,被组合的零部件,网格节点是相连共享的。

组合完毕,关闭DM界面,进入项目界面。此时双击Model,进入Mechanical分析界面,在目录树下检查Connections→Contacts下的接触情况,因为在DM中采用了组合命令,其被组合的零部件之间的接触应当删除。其接触情况如图4-13所示。

第四章 接 触

单击项目树下的 Mesh，右击 Generate Mesh，自动划分网格，网格划分结果如图 4-14 所示。桥壳本体与轴头和后盖之间的网格节点是对齐的。

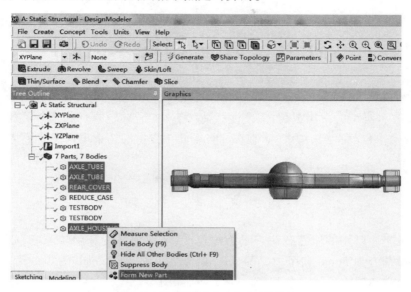

图 4-12　桥壳总成在 DM 中进行前处理

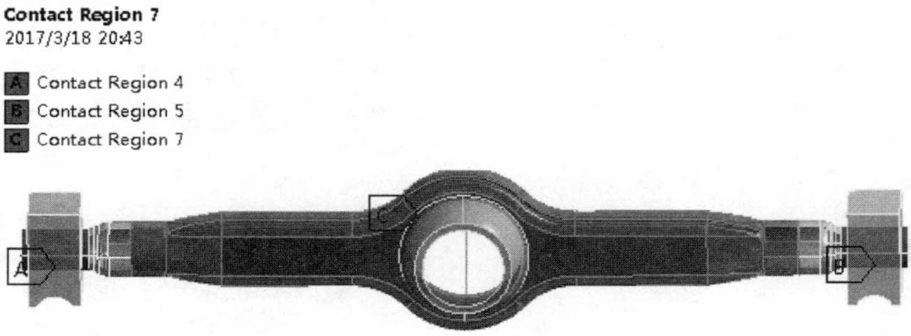

图 4-13　桥壳总成接触情况

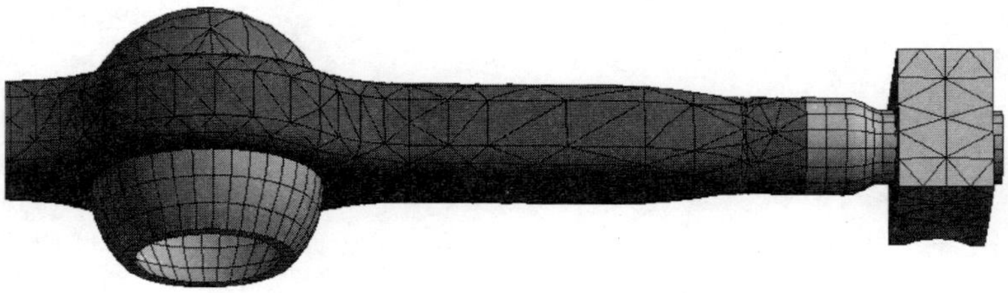

图 4-14　组合命令的网格划分情况

53

第五章 载荷和约束介绍

载荷和约束是 ANSYS Workbench 进行有限元分析的边界条件,在结构分析中,Mechanical 中提供了三种类型的常用载荷:①惯性载荷(特殊,当涉及质量时,需输入密度);②结构载荷;③结构支撑(又称结构约束)。在 Mechanical 中提供的约束根据几何形状的不同,需要进行不同的设置。

第一节 载　　荷

在结构分析中常用的惯性载荷有重力加速度、惯性加速度和旋转速度,如图 5-1 所示。常用的结构载荷有力 Force 和压力 Pressure、轴承载荷 Bearing Load、力矩载荷 Moment、远端力 Remote Force 和螺栓预紧力 Bolt Pretension 等,如图 5-2 所示。结构支撑则是由约束提供。

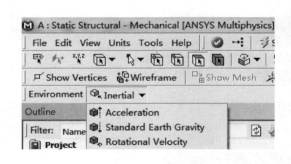

图 5-1　惯性载荷

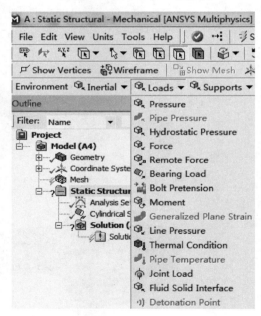

图 5-2　结构载荷

一、惯性载荷

1. 重力加速度和惯性加速度

在程序内部,惯性加速度 Acceleration 是通过惯性力施加到结构上,而惯性力的方向与所施加的加速度的方向正好相反(惯性力 $F = -ma$)。而重力加速度 Standard Earth

Gravity 的方向与重力保持同一方向。

打开 Acceleration_Gravity.wbpj 文件,双击 Model 进入 Mechanical 界面,显示为一概念梁,并且一端已经设置全约束。单击目录树下的 Static Structural(A5)项,在界面上方会出现 Inertial 选项,选择其下拉菜单中的 Standard Earth Gravity,系统自动在几何的重心位置施加重力加速度。单击 Solution,右击 Insert →Deformation →Directional,如图 5-3 所示。在 Details of "Directional of Deformation"的 Definition →Orientation 的下拉菜单中选择 Z Axis,如图 5-4 所示。单击 Solution,右击 Solve,查看结果,如图 5-5 所示。

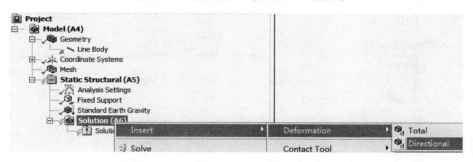

图 5-3　变形结果路径

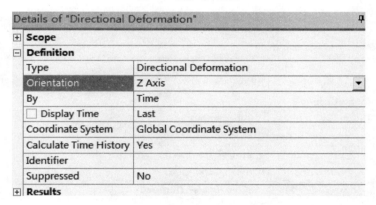

图 5-4　局部变形结果方向设置

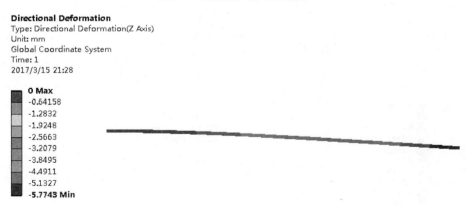

图 5-5　施加标准重力加速度下的梁变形情况

从图 5-5 中,可以看出,在施加标准重力加速度下的梁变形方向与施加重力的方向是一致。

若将示例中梁的标准重力加速度 Standard Earth Gravity 更换为 Acceleration,再来看一下梁的变形方向会产生怎样的变化。单击目录树下 Standard Earth Gravity,右击 Delete,删除。然后继续单击目录树下的 Static Structural(A5)项,在界面上方会出现 Inertial 选项,选择其下拉菜单中的 Acceleration,下方会出现 Details of "Acceleration",如图 5-6 所示。此时需要在 Definition 的 Define By 的下拉选项中,选择 Components,在 Z Component 处填入 -9806.6mm/s^2,如图 5-7 所示。单击 Solution,右击 Solve,查看结果,如图 5-8 所示。

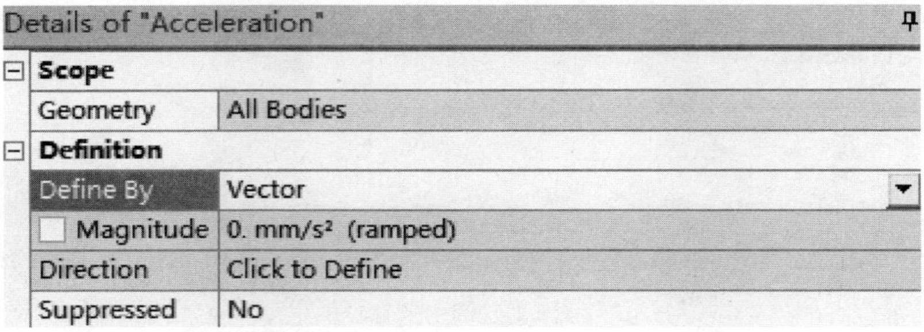

图 5-6 惯性加速度选项

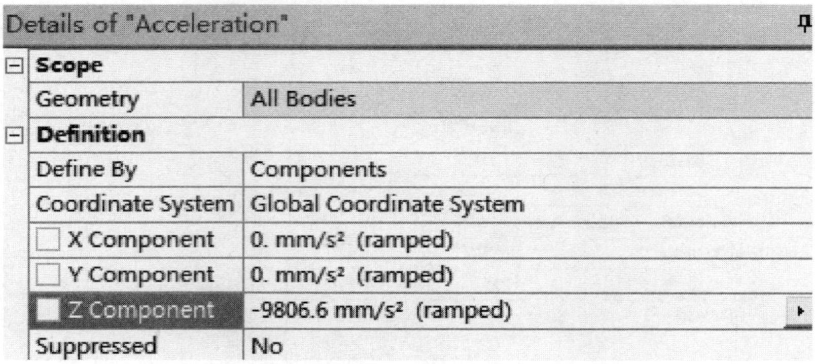

图 5-7 惯性加速度设置

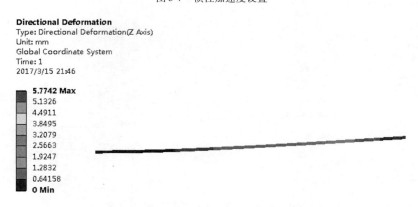

图 5-8 施加惯性加速度下的梁变形情况

从图 5-5 和图 5-8 可以看出,施加重力加速度后梁的变形与施加惯性加速度后梁的变形方向是相反的。因为惯性加速度施加后相当于施加了惯性力,故其变形方向与惯性加速度的施加方向相反。

2. 旋转速度

在图 5-1 中,有一个惯性载荷为旋转速度 , Rotational Velocity。通常情况下,旋转速度常用 RPM(r/min),因此可在 Mechanical 的 Units 菜单中进行单位设置,如图 5-9 所示。

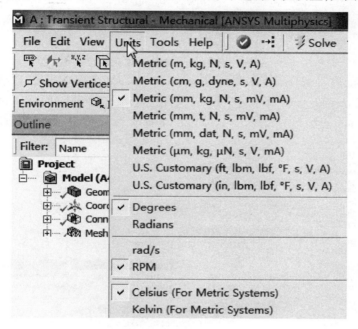

图 5-9　常用单位设置

打开 Rotational_velocity.wbpj,施加 Rotational velocity,转速为 300r/min,如图 5-10 和图 5-11 所示。

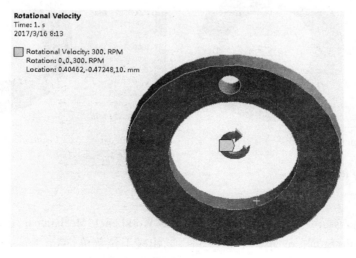

图 5-10　旋转速度施加情况

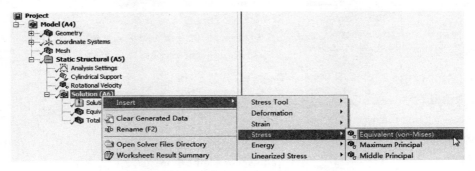

图 5-11　Rotational velocity 详细栏设置

单击 Solution,右击 Insert →Stress →Equivalent(von-Mises),如图 5-12 所示。继续右击 Insert →Deformation →Total。再单击 Solution,右击 Solve。其 Equivalent(von-Mises)应力云图和 Total Deformation 变形云图如图 5-13 和图 5-14 所示。

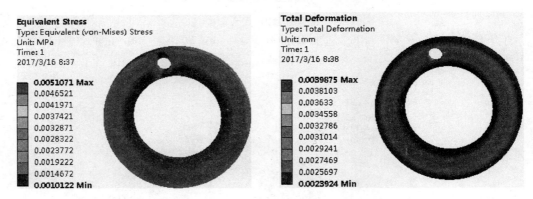

图 5-12　Equivalent(von-Mises)应力设置

图 5-13　Equivalent(von-Mises)应力云图　　　图 5-14　Total Deformation 变形云图

二、结构载荷

1. 力和压力

打开 Load_pressure,双击 Model,启动 ANSYS Workbench Mechanical,选择连杆与轴瓦的配合面,点击 Static Structure,单击上方 Loads 项,出现下拉菜单,单击 Pressure,在其详细栏中输入 1MPa。单击 Solution,右击 Insert →Stress →Equivalent(von-Mises),然后再单击 Solution，右击 Solve 求解。其 Equivalent(von-Mises)应力云图如图 5-15 所示。

将该实例中的 Pressure 删除(单击 Pressure，右击 Delete)，选择连杆与轴瓦的配合面，单击 Static Structure，单击上方 Loads 项，出现下拉菜单，单击 Force，在详细栏中的 Definition 中 Define By 项改 Components，在其 Z Component 中输入 -100N。然后再单击 Solution，右击 Solve 求解。查看其应力云图如图 5-16 所示。

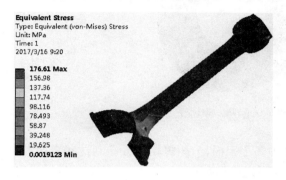 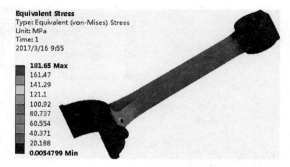

图 5-15　在 Pressure 下的应力云图　　　　图 5-16　在 Force 下的应力云图

从图 5-15 和图 5-16 的应力云图可以看出，压力和力对连杆应力还是有一定区别的。另外压力一般为正压力，合力则根据受力的方向受拉、受压皆可。

2. 轴承载荷

轴承载荷 Bearing Load 仅适用于圆柱形表面。需注意一个圆柱表面只能施加一个轴承载荷。假如一个圆柱表面切分为两部分，在施加轴承载荷时一定要保证这两个圆柱面都要选中。

轴承载荷可以通过矢量和幅值来定义。具体来看一个实例，打开 bearing_load.wbpj。双击 Model，则打开 Mechanical 界面，选择空心圆柱体的外表面(用面工具)，单击 Static Structure，上方出现 Loads，下拉菜单，选择 Bearing Load，在其详细栏中选用 Components，根据全局坐标的方向，选择 Y Component 输入 -1000N，如图 5-17 所示。

Details of "Bearing Load"	
Scope	
Scoping Method	Geometry Selection
Geometry	1 Face
Definition	
Type	Bearing Load
Define By	Components
Coordinate System	Global Coordinate System
□ X Component	0. N
□ Y Component	-1000. N
□ Z Component	0. N
Suppressed	No

图 5-17　Bearing Load 详细栏设置

单击 Solution,右击 Insert →Stress →Equivalent(von-Mises),其应力云图如 5-18 所示。

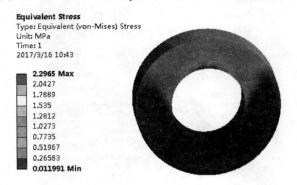

图 5-18 在 Bearing Load 载荷下的应力云图

3. 力矩载荷

对于实体,力矩只能施加在面上。如果选择了多个表面,力矩将均匀分布到这些表面上。力矩可以通过矢量及其大小定义。对于面体,力矩可以施加在点、边或面上。当以矢量形式定义力矩时,其遵守右手定则原理(右手螺旋法则)。打开 Load_Monment.wbpj 文件,双击 Model,则启动 Mechanical。单击 Static Structural(A5),选中长方体的另一表面,然后单击上方的 Loads,下拉选择 Moment,输入值 1200000N·mm,注意在 Direction 中选择力矩方向,如图 5-19 所示,其选择的是上方的一条边作为力矩的方向(右手定则,大拇指所指的方向)。

图 5-19 力矩设置及方向的定义

单击 Solution,右击 Insert →Stress →Equivalent(von-Mises),然后再单击 Solution,右击 Solve,其应力云图如 5-20 所示。

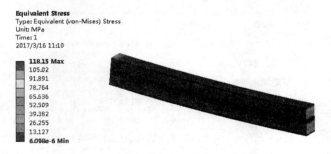

图 5-20 在 Moment 下应力云图

4. 远端载荷

远端载荷 Remote Force 是 Mechanical 中比较有特色的载荷。其原理是理论力学(刚体动力学)中力的平移原理。如,在某一面上加载了一个远端载荷后,相当于在这个面上将得到一个等效的力加上由于偏置的力所引起的力矩。

5. 螺栓载荷

在 Mechanical 中加载螺栓连接需注意:螺栓载荷只能在 3D 模型中加载,只能够加在圆柱形表面上,且需要一个以 Z 轴为主方向的局部坐标系。

实例:一个螺栓紧固组合件,其法兰和轴管由螺栓紧固,轴管底部为固定约束,螺栓规格为 M16,其预紧力为 10700N,组件材料性能见表 5-1。

组件材料性能   表 5-1

名 称	材 料	弹性模量 E(MPa)	泊 松 比	屈服极限(MPa)
轴管	Q460	20600	0.28	460
法兰	Q235A	21100	0.288	235
螺栓	40Cr	21100	0.277	780

首先将该部件进行简化处理;定义材料;定义相关接触,见表 5-2。注意:接触类型有一定限制。

相关接触类型   表 5-2

接触部位名称	轴管与螺栓接触	轴管与法兰接触	螺栓与法兰接触
接触类型	Bond	不能是 Bond,用 Rough	可定义为 Bond 或 Rough

另外,螺栓载荷的分析与网格精度相关性较大,故网格精度要达到一定的要求,网格划分如图 5-21 所示。

施加 Bolt Pretension 载荷,每个螺栓的预紧力为 5350N;设定约束,在轴的一端设定为固定约束,在对称面设置 Frictionless Support,其边界条件和分析结果如图 5-22 和图 5-23 所示。

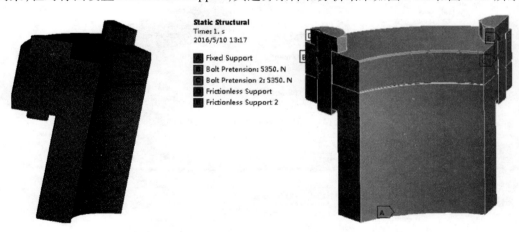

图 5-21 螺栓紧固的法兰和轴管网格划分情况   图 5-22 法兰和轴螺栓预紧力边界条件情况

三、结构支撑

打开 Load_Monment.wbpj 文件,双击 Model 项进入 Mechanical,单击 Static Structural,单击矩形体的另一端曲面,单击上方 Supports→Displacement,如图 5-24 所示。根据全局坐标系,在 Y 方向施加-1mm 的位移,具体设置情况如图 5-25 所示。单击 Solution,右击 Insert→Stress→Equivalent(von-Mises),然后再单击 Solution,右击 Solve,其应力云图如 5-26 所示。

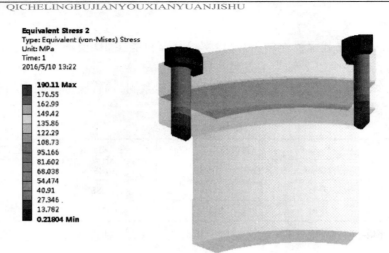

图 5-23　螺栓预紧力分析情况

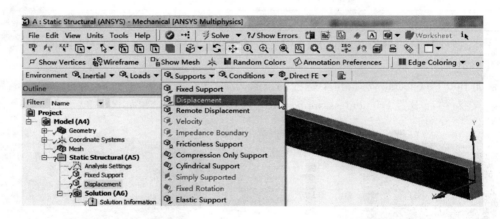

图 5-24　结构支撑 Displacement 施加位置

Details of "Displacement"	
Scope	
Scoping Method	Geometry Selection
Geometry	1 Face
Definition	
Type	Displacement
Define By	Components
Coordinate System	Global Coordinate System
X Component	Free
Y Component	-1. mm (ramped)
Z Component	Free
Suppressed	No

图 5-25　结构支撑 Displacement 详细设置

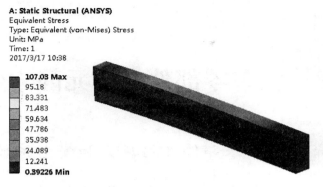

图 5-26　结构支撑下的应力云图

第二节　约　　束

在有限元分析中,边界条件的设定除了载荷外,一般还需要施加约束,常见的约束如图 5-27 所示。

(1) 固定约束 Fixed Support：限制所选元素的所有自由度,可用于点、线、面、体,对于(实)体而言,其作用是限制 X、Y、Z 方向上的移动;对于面和线而言,其作用是限制 X、Y、Z 方向上的移动和绕各轴的转动。

(2) 位移约束 Displacement：用于点、线、面上施加已知位移,该约束可通过分别定义 X、Y、Z 三个方向上数值,限制其在三个坐标方向的平移。当填入为"0"时,表示该方向受限;若不填任何数据,则为"Free",表示该方向自由,不受限;如填入一个"非 0"数据,则表示该项有强制位移,即为结构支撑载荷。

(3) 无摩擦约束 Frictionless Support：用于面上施加了法向约束,约束元素在法线方向上不发生变形。对实体而言,在对称的边界条件下,可以简化为对称的实体,以减小运算量,默认情况下,一般以 Y 轴为对称轴。

图 5-27　常见约束

(4) 圆柱面约束 Cylindrical Support：该约束用于约束圆柱面的位移,该约束由轴向、径向或切向约束提供单独控制,在三个方向可各自固定或放松,可任意组合。

(5) 仅压缩约束 Compression Only Support：该约束只能在正常压缩方向上施加约束。这个约束仅仅限制这个表面在法向正方向发生的移动。

(6) 弹性约束 Elastic Support：该约束允许在面、边界上模拟类似弹簧的行为,基础的刚度为使基础产生单位法向偏移所需要的压力。

(7) 简单约束 Simply Supported：简单约束可施加在梁或壳体的边缘或顶点上,用来限制平移,但允许旋转并且所有的旋转都是自由的。

第六章　汽车零部件有限元静力学分析

第一节　汽车零部件许用应力和安全系数介绍

汽车零部件采用的材料日趋多样化,对于不同材料采用不同的工艺处理,其材料的许用应力应根据零部件在实际使用状态下进行综合分析。

在通常工况下,对于金属类的汽车零部件许用应力安全系数的取值见表6-1。

汽车零部件的许用应力安全系数　　　　　表6-1

失效类型	安全系数 n_2	材料类型
屈服	≥1.5	塑性材料
断裂	≥1.8	脆性材料

其中,材料类型中的塑性材料是在外力作用下,产生较显著变形而不被破坏的材料。相反,在外力作用下,发生微小变形即被破坏的材料,称为脆性材料。

表6-1中的安全系数并不是越大越好,而是在设计过程中,确保零部件在实际使用过程中不发生失效,尽可能采用较低的安全系数,以满足汽车轻量化的要求。当然,对于一些与安全息息相关的零部件,如转向、制动等部件,在计算和有限元分析其应力时,应对其应力和安全系数进行详细的考虑和设计。另外对于在易腐蚀、高温和磨损等环境下工作的零部件,其安全系数应加大15%以上。

由于汽车零部件受力比较复杂,有些零部件材料经过热处理后,其材料的强度和性质有所变化,故在对此类零部件需要根据热处理后的状态进行相应的考虑。如合金结构钢40Cr材料,在850℃淬火,560℃回火状态下(调质处理),其材料的综合性能较好,具有一定的强度和韧性,此时仍可以将调质处理后的材料看成塑性材料;若将40Cr进行表面淬火,其硬度达到55~60HRC时,此时40Cr材料表面对微裂纹的敏感程度极剧增加,若将表面淬火后的40Cr材料还简单的看成塑性材料,明显不合理。对于表面淬火后的零部件应根据其使用环境综合分析。如表面淬火的半轴,此时应该从抗拉强度、屈服强度和剪切强度等几个方面综合考虑。

材料的力学性能并不是一成不变的,温度、热处理、加工工艺、形状尺寸等对其都有影响。同样的材料,如直径 $\phi 20$ 的钢棒和直径 $\phi 200$ 的钢棒,在同样的加工工艺、温度、热处理等条件下,其材料的性能也会有差别。若采用锻打工艺其差别可能略小;若采用铸造工艺,因形状尺寸越大,金属液的冷却以及铸造过程杂质、缺陷等方面的影响将会增大,故在分析时应有一定的考虑,适当提高安全系数。

图6-1是一个轴类汽车零件,其轴向截面尺寸从大轴径通过圆角过渡到小轴径,由有限元分析(或由材料力学分析)得知,圆角处易存在应力集中现象,是分析的重点。

不论采用何种分析,分析出的应力是实际应力么?

此时,需要根据该轴类汽车零件的加工、热处理、工作环境等方面综合考虑。

(1)该零件只受扭转剪切应力,此时只需考虑零件表面材料应力的情况,如加工过程中,采用精加工,表面粗糙度较好,且加工后表面为压应力,则在选取安全系数时可以选取偏小值。反之,加工后表面为拉应力,则需选取稍大的安全系数。

(2)该零件受力复杂时,此时需要综合考虑其表面强度、心部强度。在综合考虑其他因素影响下,以安全系数最小的那组数值作为设计考虑对象。

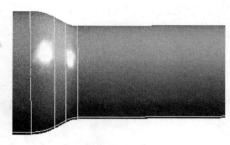

图 6-1 轴类汽车零部件

热处理对于有缺口、急剧过渡、有孔等汽车零件,易产生应力集中,设计时需要单独考虑。另外,热处理后的汽车零件,由于零件心部和表面冷却速度并不一致,也会产生残余应力,也需慎重考虑。

第二节 有限元静力学分析基础

有限元静力学分析用于分析载荷不变作用下结构的响应,不考虑惯性和阻尼以及那些随时间变化的载荷等的影响。

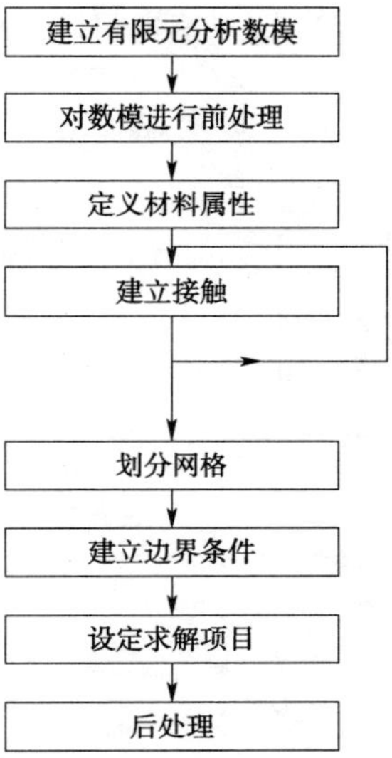

有限元静力学分析在汽车零部件设计中应用最为普遍,静力学分析是有限元分析的一个基础。如悬架的上横臂、差速器壳体、齿轮、车桥、车架等汽车零部件可用有限元静力学分析得到应力分布、刚度变形等,通过强度和刚度校核,选取合适的安全系数,以满足设计和使用要求。

不同的汽车零部件可以采用线体、面体和实体三维进行有限元分析。如车架的有限元分析,可以将车架的大梁(纵梁)和简单的横梁用抽取中面的方式获得面体,车架上还有一部分采用实体,最终的有限元模型可能为面体与三维实体的混合;如一些横截面单一的轴类,此时可以采用概念悬臂梁的方式,采用线体代替实体三维进行有限元分析。当然,随着计算机的计算能力逐渐提高,对于大部分汽车零部件可以直接采用三维实体进行有限元分析,使有限元分析建模过程得以简化。

在 ANSYS Workbench 中有限元静力学分析的基本流程如图 6-2 所示。

图 6-2 有限元静力学分析基本流程

第三节 双横臂式独立悬架上臂有限元分析

如图 6-3 所示,某公司设计的一款双横臂式独立悬架结构。上臂和下臂的柱销孔与转向节相连,另一端与车架相连。根据双横臂独立悬架的力学分析(图 6-4)得知,其上臂受力

$F_Q = 36408.8\text{N}$,下臂受力 $F_T = 59518.7\text{N}$(下臂受力为综合力)。上臂的材料为锻造 45 钢,调质处理,其屈服强度为 501MPa,抗拉强度为 710MPa。采用有限元方法分析上臂的应力和变形是否符合设计和使用要求。

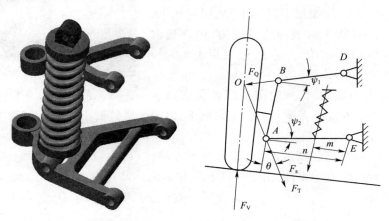

图 6-3 双横臂式独立悬架结构　　图 6-4 只承受地面垂直力 F_V 作用时的力学模型

1. 建立静力学分析数模并对数模进行前处理

打开 ANSYS Workbench,新建一项 Static Structural 静力学有限元分析,在软件中的 Toolbox 工具箱中点击 Static Structural,此时按住鼠标左键不放,并将鼠标光标拖拽至项目区域的红线框内,完成工程项目的建立,如图 6-5 所示。

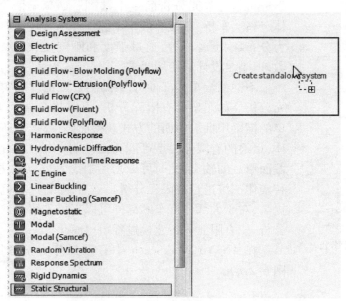

图 6-5 建立 Static Structural 分析项目

点击项目 A 中的 Geometry,右键弹出快捷菜单,选择 Import Geometry,然后点击 Browse,将光盘中实例的第六章 sb_r.prt 文件导入到项目中,完成上臂三维模型导入过程,如图 6-6 所示。

第章 汽车零部件有限元静力学分析

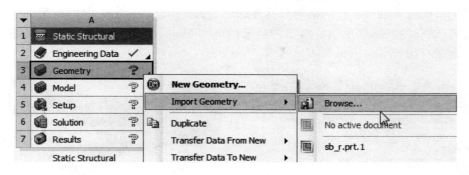

图6-6 上臂三维几何导入过程

双击 Geometry，进入 DM 模块，点击 Generate 进行再生。上臂三维模型如图 6-7 所示。

2. 定义材料

关闭 DM 模块，回到项目界面。双击 Engineering Data，将 Structural Steel 重命名为 45，具体操作为双击 Structural Steel，该项文字被涂成蓝色，直接输入 45，完成命名过程。

在静力学分析过程中，对于材料定义主要定义 Isotropic Elasticity 各项同性弹性部分下的选项，其中 Young's Modulus 杨氏模量和 Poisson's Ratio 泊松比为必填数据。打开光盘的实例中有一个名为"有限元材料属性表"的 EXCEL 文件，找到 45 钢材料的杨氏模量和泊松比，并将相应的数据填入在软件中，如图 6-8 所示。

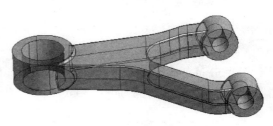

图6-7 上臂三维模型

图6-8 45钢材料属性

3. 划分网格

关闭 Engineering Data 界面，回到项目界面。双击 Model 进入 Mechanical 界面，点击 Mesh，右键 Insert →Sizing。在下面的 Details of "Sizing"的 Geometry 中，选择上臂三维实体（在基本工具栏中选择体，然后在图形界面中选择上臂即可），再将鼠标移动到 Geometry 黄

67

色栏区域中,点击 Apply,实现网格划分目标的选定;在□Element Size 中填写 5(mm,注意单位的选择),具体如图 6-9 所示。再点击目录树下的 Mesh,右键 Generate Mesh,完成网格划分,结果如图 6-10 所示。

图 6-9　上臂网格单元定义　　　　　图 6-10　上臂网格划分结果

4. 建立边界条件

点击 Mechanical 界面目录树下的 Static Structure,在柱销孔上采用 Cylindrical Support,在另外两个同轴线的孔施加载荷 Force 为 36408.8N,边界条件如图 6-11 所示。

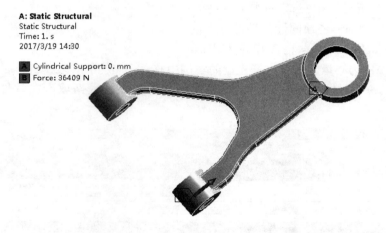

图 6-11　上臂的边界条件设定

5. 设定求解项目

点击 Mechanical 界面目录树下的 Solution,右键 Insert →Stress →Equivalent(von-Mises),设定求解 Mises 应力;再点击 Solution,右键 Insert →Deformation →Total,设定求解变形,点击 Solution 右键 Solve,其 Equivalent 应力和变形如图 6-12 和图 6-13 所示。

6. 后处理结果

由图 6-12 得知,上臂的最大 Equivalent(von-Mises)应力为 146.5MPa,而材料 45 钢经调质处理的屈服强度为 501MPa,计算后的强度安全系数为 3.42,满足强度安全系数不小于 1.5 的要求。

注:本例中未考虑车轮受到侧向力、纵向力和制动力的综合影响。实际分析过程中,由于悬架的受力具有可叠加性,需要将多个力组合作用后进行分析,才符合设计要求。

图 6-12　上臂的 Equivalent 应力云图

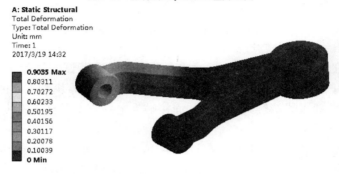

图 6-13　上臂的整体变形情况

第四节　驱动桥桥壳有限元分析

汽车驱动桥作为传动系统的末端,起着增矩减速的作用。在设计驱动桥桥壳总成时,传统的计算方法是根据不同的工况预先估计危险截面的位置,然后展开计算。通常有最大垂直力工况、最大侧向力工况、最大制动力工况和最大驱动力工况。

生产车桥的企业在设计驱动桥桥壳总成按上述工况进行设计验算,但在实际的试验过程中,只有最大垂直力工况易于展开试验,且其具有一定的代表性,故实际测试过程中,一般以最大垂直力工况作为设计的验收条件。图 6-14 所示为一转向驱动桥桥壳总成的垂直载荷疲劳试验台,一般在试验台进行垂直载荷加载试验前,先进行刚度的测试试验。测试试验一般根据有限元分析的结果,选取具有代表性的测试点进行刚度试验记录。按照《汽车驱动桥台架试验方法》(QC/T 533—1999),一般刚度测量点的点位不小于 7 个点。驱动桥桥壳总成在满载(额定载荷)情况下,要求每米轮距的最大变形不能超过 1.5mm。

图 6-14　桥壳总成垂直载荷疲劳试验台

驱动桥桥壳总成试验需要安装桥壳后盖和主减速器壳体,加载头放置于板簧座上,将试验块调整至轮距中心。在加载试验过程中,一般选取动载荷系数为 2.5 倍。此时,试验的最大载荷为额定载荷的 2.5 倍,驱动桥桥壳总成的额定载荷为 12000N,故试验加载的载荷为 30000N。轴头的材料为 40MnB、桥壳本体材料为 Q460、桥壳后盖材料为 Q235A、减壳和试验块的材料为 QT450-10。

打开 axle_housing.wbpj 项目文件,双击 Geometry,进入 DM 模块对桥壳总成进行前处理,其未处理前的数模如图 6-15 所示。

图 6-15 未处理前的驱动桥桥壳总成数模

1. 驱动桥桥壳总成数模前处理

根据图 6-14 的显示情况来看,在驱动桥壳总成加载疲劳试验过程中,桥壳弯曲程度会随着载荷的变化而变化,故试验块会随着载荷变化而摆动,试验块与下面的圆柱体的接触并不是完全接触的,一般以线接触或以很小的面接触为主。故需要对试验块进行分割,以便仿真接触线。

点击 DM 模块上的 ✈ New Plane,在目录树下会出现 ✈ Plane1,在其下方 Details View 中,将 Type 设置为 From Face;Base Face 选择试验块(TESTBODY)的一个平面(桥壳总成轴向垂直的平面),点击 Apply;在 Transform 1 中选择 Offset Z,并在 FD1,Value1 中输入 -38mm,如图 6-16 所示,最后点击 Generate,完成一个试验块分割基准平面的设置。

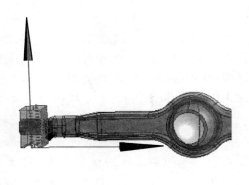

图 6-16 试验块分割基准平面的设置

点击菜单 Create→Slice,在屏幕左下方出现 Details View,在 Base Plane 中选择刚生成的 Plane1,点击 Apply;在 Slice Targets(分割目标)通过下拉菜单方式,选择 Selected Bodies,点击黄色区域,选择带有分割基准平面的试验块,点击 Generate,其结果如图 6-17 所示。

采用同样的方法,将另一侧试验块进行分割,分割后的数模如图 6-18 所示。

为了减少接触对以及模拟实际的桥壳总成连接情况,需要对桥壳总成的各个零部件进行重新组合。可将轴头(AXLE_TUBE)、桥壳本体(AXLE_HOUSING)、桥壳后盖(REAR_COVER)、主减速器壳体(REDUCE_CASE)采用 Form New Part 命令进行组合。选中基本工具栏中的体命令,按住 Ctrl 键逐个点击上述的零件,鼠标停放在最后选中的部件上,点击鼠标右键，弹出快捷菜单，选择 Form New Part 命令，如图 6-19 所示。

图 6-17　试验块分割

图 6-18　两侧试验块被分割后的数模

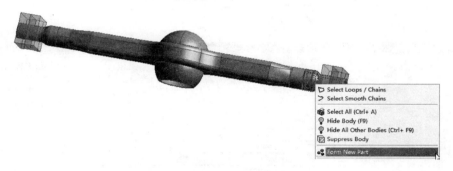

图 6-19　桥壳总成主要零部件组合情况

继续使用组合命令，对两试验块分别逐一进行组合，如图 6-20 所示。最终在目录树下显示为 3 Parts,9 Bodies。完成前处理，关闭 DM 模块。

图 6-20　一侧试验块组合情况

2. 设定材料

双击 Engineering Data，进入材料编辑模块。先将 Structural Steel 复制 3 次，具体操作为单击 Structural Steel，右击，弹出快捷菜单，选择 Duplicate（复制），在重复上述操作 2 次。分别对 Structural Steel、Structural Steel 2、Structural Steel 3、Structural Steel 4 进行重新命名，名称分别为 40MnB、Q460、Q235A 和 QT450-10，并填入相应的杨氏模量和泊松比，材料性能参数见表 6-2。输入参数后的材料定义情况如图 6-21 所示。点击左上角的 A2:Engineering Data × 中的 ×，关闭 Engineering Data 模块，回到项目界面。

桥壳总成材料参数表　　　　　　　　　　　　表6-2

名　　称	杨氏模量(Pa)	泊　松　比	屈服强度(MPa)
40MnB	2.09 E^{11}	0280	785
Q460	2.10 E^{11}	0.300	460
Q235A	2.12 E^{11}	0.288	235
QT450-10	1.69E^{11}	0.257	310

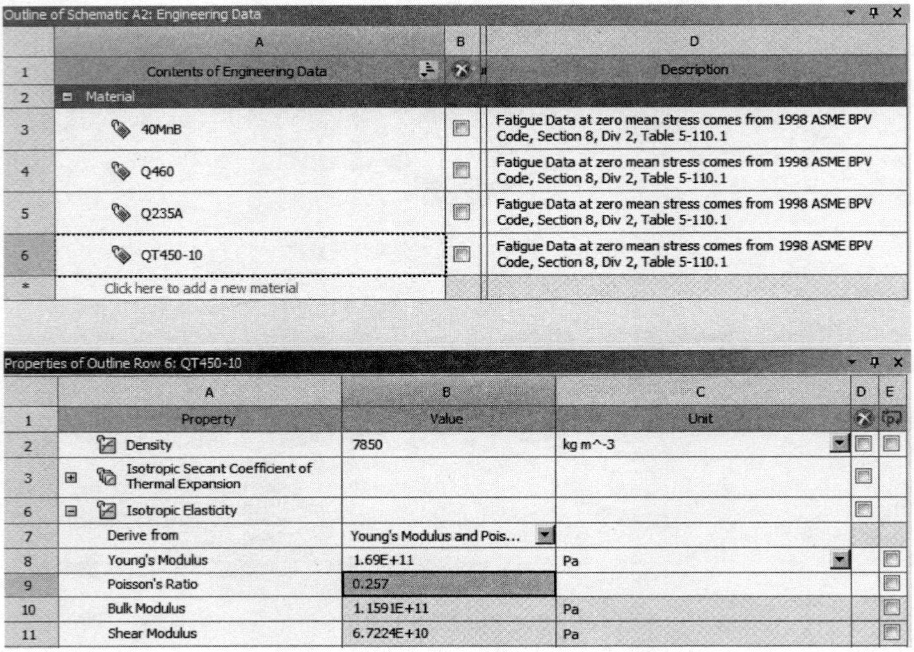

图6-21　桥壳总成零部件材料定义情况

3. 接触对的设定

双击项目中的 Model,进入 Mechanical 界面。点击 Connections,将其展开,继续点击 Contacts,再展开,此时会显示软件自动生成的 4 个接触对(Contact Region,若有些计算机会生成多余的接触对,请读者自行删除)。4 个接触对的零部件相互关系见表6-3。

桥壳总成零部件接触对相互接触情况　　　　　　　　表6-3

接触对名称	零件 Contact	零件 Target	接触面描述
Contact Region	AXLE_TUBE	TESTBODY	轴头的2 Face 与试验块的2 Face 相互接触
Contact Region 2	AXLE_TUBE	TESTBODY	
Contact Region 3	AXLE_TUBE	TESTBODY	
Contact Region 4	AXLE_TUBE	TESTBODY	

4. 网格划分

点击 Mesh,右键选择 Insert→Method,点击图形区的空白处,单击右键,选择 Selected All (Ctrl + A),然后将鼠标移动到左下方的 Detail of "Automatic Method"的 Geometry 黄色区域栏

中，点击并按下 Apply，实现将桥壳总成的 9 Bodies 全部选中，并将鼠标移至详细栏的 Method 选项中，下拉菜单，选择 Hex Dominant，如图 6-22 所示。

继续点击 Mesh，右键选择 Insert →Sizing，选中桥壳本体（AXLE_HOUSING）网格大小为 10mm，如图 6-23 所示。继续点击 Mesh，右键选择 Insert →Sizing，将其他未选中的零部件网格大小设置为 15mm，如图 6-24 所示。

5. 边界条件设定

单击 Static Structural（A5），在基本工具栏上选用线命令。在一侧试验块的中间线上施加 Fixed Support，在另一侧的试验块的中间线上施加 Displacement，放松桥壳总成的轴向，此处 Z 方向为 Free，其他两方向上为 0；在基本工具栏上选择面命令，在桥壳总成的两板簧座上分别施加 Force，大小为 －15000N（重复一次，共施加两次 Force，注意载荷施加的方向朝下，与 Y 轴刚好相反）。桥壳总成的边界条件设定情况如图 6-25 所示。

Details of "Automatic Method" - Method

Scope	
Scoping Method	Geometry Selection
Geometry	9 Bodies
Definition	
Suppressed	No
Method	Automatic
Element Midside Nodes	Automatic
	Tetrahedrons
	Hex Dominant
	Sweep
	MultiZone

图 6-22　桥壳总成网格划分方法的选择

Details of "Body Sizing" - Sizing

Scope	
Scoping Method	Geometry Selection
Geometry	1 Body
Definition	
Suppressed	No
Type	Element Size
Element Size	10. mm
Behavior	Soft

图 6-23　桥壳本体网格大小设置

Details of "Body Sizing 2" - Sizing

Scope	
Scoping Method	Geometry Selection
Geometry	8 Bodies
Definition	
Suppressed	No
Type	Element Size
Element Size	15. mm
Behavior	Soft

图 6-24　桥壳总成其他零部件网格大小设置

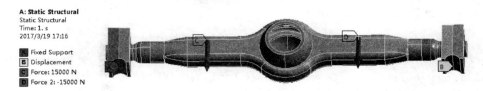

图 6-25　桥壳总成的边界条件设定情况

6. 设定求解目标

点击 Solution(A6)项，右键选择 Insert →Stress →Equivalent(von-Mises)，继续选择 Solution，右击选择 Insert →Deformation →Total，右键 Solve，其分析结果如图 6-26 和图 6-27 所示。

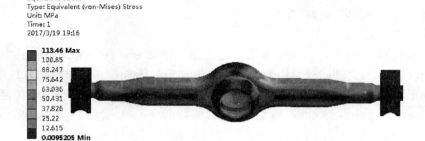

图 6-26　桥壳总成 Equivalent 应力云图

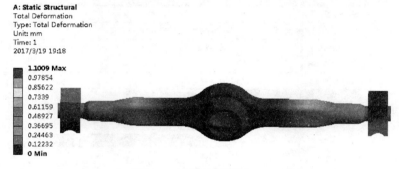

图 6-27　桥壳总成总变形云图

7. 桥壳总成后处理

从应力云图 6-26 上未看到红色区域出现的部位，故需要继续查找最大应力分布的部位。可以通过选择单个零件(点击桥壳本体)，右键 Insert →Stress →Equivalent(von-Mises)，然后将鼠标移至目录树 Solution 下刚增加的求解目标，右键 Evaluate All Results，则显示为单个零件的应力云图分布情况，如图 6-28 所示。

图 6-28　桥壳本体应力云图分布情况

桥壳本体材料为 Q460，屈服强度为 460MPa，有限元计算应力为 113.5MPa，其强度安全系数为 4.05，安全系数过足，可考虑减重设计。在 2.5 倍额定载荷下的总体变形为 1.10mm，在线性范围内，桥壳的变形数值与载荷倍数呈线性相关，在额定载荷下，其总体变形约为 0.44mm，桥壳总长约为 1.175m，故在额定载荷，每米桥壳的变形为 0.37mm，变形满足标准要求。

第五节　车架上支架有限元分析

车架上安装的支架比较多,如油箱的支撑支架、发动机安装固定支架、蓄电池、工具箱等安装支架。这些支架一般通过螺栓连接,在分析过程中可以用抽取中面的方式。简化成板壳结构、螺栓连接等有限元建模技术。

车架上用螺栓安装了一个支架,其边界条件如图 6-29 所示,请问该支架是否符合设计要求? 若不符合设计要求,怎样改进?

图 6-29　支架边界条件情况

1. 数模前处理

打开光盘中实例第六章 braket.wbpj 项目文件,双击项目中 Geometry,进入 DM 界面。选择主菜单 Tools→ Mid-Surface,在下方的 Details View 中 Selection Method 通过下拉菜单选择 Automatic,在 Minimum Threshold 中输入 1(mm),在 Maximum Threshold 中输入 5(mm),在 Find Face Pairs Now 中通过下拉菜单选择 Yes,此时在 Face Pairs 自动显示数量为 6,单击 Generate,完成自动抽取中面,具体如图 6-30 所示。关闭 DM 界面,返回至项目界面。

2. 连接和接触设置

双击 Model,进入 Mechanical 界面。由于在前处理 DM 模块中进行自动抽取中面,支架与车架两个面体中间有缝隙,如侧视图图 6-31 所示。

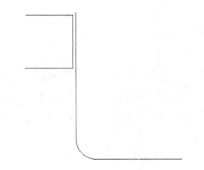

图 6-30　Mid-Surface 自动抽取设置　　图 6-31　自动抽取中面后的侧视图

因此需要对上述间隙进行处理。点击目录树 Connections,右键 Insert→ Beam(梁连接),在目录树 Connections 目录下出现 Circular - No Selection To No Selection 项,在其详细栏中的 Radius 填入 8(mm),在 Reference 的 Scope 中选择车架的一个圆孔(用基本工具栏中的线命令),在 Mobile 的 Scope 中选择支架的一个圆孔(注:两个圆孔须为同轴孔),其详细设置如图 6-32 所示。其作用是将支架和车架连接,通过该连接将载荷在车架和支架间传递。再重复一次该命令,选择车架的另外一个孔和支架上的另外一个孔,其图如图 6-33 所示。

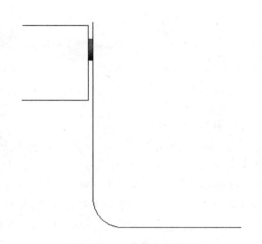

图 6-32　Circular 详细栏设置　　　　图 6-33　Beam 梁连接侧视图

3. 网格和边界条件设定

网格划分采用自动划分方式,直接选中目录树下的 Mesh,右键 Generate Mesh。点击目录树下的 Static Structural(A5),点击上方工具栏 Supports →Fixed Support,在详细栏中的 Geometry 中选定车架两端的线体;再选择工具栏 Loads →Force,在详细栏中的 Geometry 中选支架带孔的表面,力大小为 100N,方向与 Y 方向相反。边界条件如图 6-29 所示。

4. 设定求解目标

点击目录树下的 Solution(A6),右键 Insert →Stress →Equivalent(von-Mises);继续选择 Solution,右键选择 Insert →Deformation →Directional,在详细栏的 Orientation 设定 Y Axis,点击右键 Solve,其分析结果如图 6-34 和图 6-35 所示。

5. 后处理

从图 6-35 可知,支架最大变形 56.32mm,明显不合理。

6. 改进方式

关闭 Mechanical 界面,回到项目界面。双击 Geometry,重新进入 DM 模块,在 DM 的目录树下找到 Extrude 3,将其展开,点击 Sketch 2,在 Details View 中将 V13 尺寸改为 3(mm),如图 6-36 所示,点击 Generate 再生,然后关闭 DM 模块。项目界面中原来各项项目都为 ✓,在 DM 中尺寸改变后,项目界面中的项目变化如图 6-37 所示。

图 6-34　支架 Equivalent 应力云图

图 6-35　支架 Y 方向上变形情况

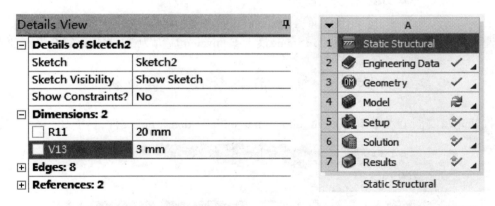

图 6-36　在 DM 中改变支架厚度　　　　图 6-37　DM 改变后的项目区变化

双击 Model，此时在项目界面出现一则消息，具体如图 6-38 所示。提示是否更新，直接单击消息中的"是(Y)"，进入 Mechanical 界面，点击目录树 Solution(A6)，右键 Solve，求解后的结果如图 6-39 和图 6-40 所示。

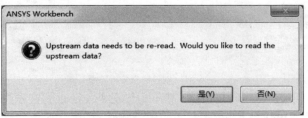

图 6-38　消息提示

图 6-39 改进后支架 Equivalent 应力云图

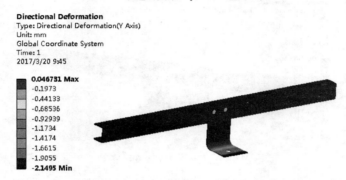

图 6-40 改进后支架 Y 方向上变形情况

改进后的支架其最大变形为 2.15mm,最大 Equivalen 应力为 70.3MPa,符合设计要求。

第六节 轴差前壳静态力学分析

打开光盘实例第六章中的 Front_differential_optimization.wbpj 文件,界面如图 6-41 所示。

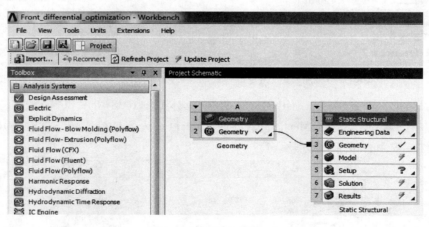

图 6-41 轴差前壳分析界面

双击 Model(B4)项,进入 Mechanical(静态力学分析)界面。首先进行网格划分,点击目录树下的 Mesh,右键弹出快捷菜单,选择 Insert→Method,在其下方详细栏设置中,在 Geometry 中选择整个零件(基本工具栏体命令),点下 Apply 应用,在 Definition→Method 从下拉菜单中选择 Tetrahedrons（四面体），如图 6-42 所示；再点击目录树下的 Mesh，在其下方详细栏 □Element Size 中填入 10(mm)，如图 6-43 所示。

再单击目录树下的 Mesh，右键弹出快捷菜单，选择 Insert →Sizing，此时先在基本工具栏中选择面命令，选择如图 6-44 所示的轴差前壳的部分表面，并在详细栏的 Geometry 中按下 Apply，并在□Element Size 中填入 5(mm)。将鼠标点击右键移至目录树 Mesh 下，点击右键，选择 Generate Mesh，网格划分结果如图 6-45 所示。

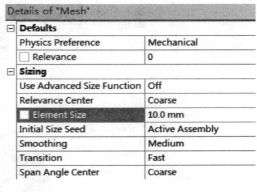

图 6-42　轴差前壳网格方法定义

图 6-43　轴差前壳全局网格大小定义

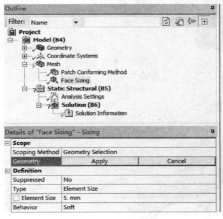

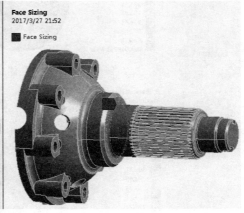

图 6-44　轴差前壳的部分表面网格细分

点击目录树下的 Static Structural，在轴差前壳的大端面上施加 Fixed Support，在轴差前壳前端花键齿侧（齿侧定位）部分施加力矩 1.0×10^7 N·mm，其边界条件如图 6-46 所示。

点击 Solution，右键选择 Insert →Deformation →Total；再继续点击 Solution，右键选择 Insert →Stress →Maximum Shear，右键 Solve。其最大应力在扭矩施加的边界处，但此处应该考虑扭矩施加位置对应力的影响，故其最大应力暂不考虑，如图 6-47 所示。应该关注次

图 6-45　轴差前壳网格划分结果

大应力,在轴承根部,故需要继续点击 Solution,右键选择 Insert →Stress →Maximum Shear,在下方详细栏 Geometry 中,采用基本工具栏中的面命令,选择网格细分时(图 6-45)的轴承根部倒圆角面,为了方便看清应力的分布情况,将倒圆角的相邻曲面一并选上,点击右键 Evaluate All Results,其结果如图 6-48 所示。

图 6-46　轴差前壳边界条件设定

图 6-47　轴差前壳整体最大剪应力分布情况

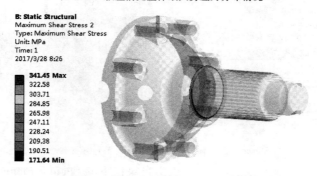

图 6-48　轴差前壳轴承根部剪应力情况

从本例可以看出,有时候分析的最大应力不一定是真的最大应力,需要根据约束和受力条件以及网格划分的情况具体分析。本例应力集中部位主要在轴承根部,其应力为341.5MPa,按照 40Cr 表面淬火硬度 54HRC 来计算,根据硬度转化成强度来估算抗拉强度约为 1900MPa,其扭转应力为 0.4~0.5 的抗拉强度,取系数为 0.4,则扭转应力为 760MPa,其安全系数为 2.2,理论上强度系数足够,不该出现故障。

但再来看这个零部件,其硬度为 54HRC,采用表面中频淬火方式。表面中频淬火一般对轴类和齿轮类零部件效果比较好,如图 6-49 和图 6-50 所示。而该轴差前壳前端为阶梯轴形式,端面淬火效果较差,特别是轴承根部的端面,感应热量很难达到要求,若淬火时长控制不好,此时表面淬火硬度很难到达要求,反而会因硬度梯度的突然变化造成零部件故障,如图 6-51 所示。

图 6-49　齿轮表面中频淬火

图 6-50　轴类零件表面中频淬火

图 6-51　轴差前壳轴承根部断裂失效

第七章 模态分析

第一节 模态分析的基础理论

模态分析是振动工程理论的一个重要分支,是研究结构动力特性一种近代方法,是系统辨别方法在工程振动领域中的应用。模态是机械结构的固有振动特性,每一个模态具有特定的固有频率、阻尼比和模态振型。通过它可以确定机械系统的固有频率、振型和振型参与系数,即在特定方向上某个振型在多大程度上参与了振动。

模态分析主要目的是用于确定系统振动特性,即系统结构的固有频率及与此相对应的振型。由于车辆在行驶过程中受到各方面的动态载荷,如路面不平、发动机相关的振动冲击等,使得车辆发生振动。为避免因系统结构的固有频率与其他动态载荷的频率相同相近而引发的共振,一般需对车辆零部件进行模态分析。模态分析是瞬态动力学、谐响应和谱分析等的基础。

车辆结构的固有振动频率和振型可以从两个方面获得:①通过对实际样车进行试验,识别出结构的各阶模态频率和振型,即试验模态分析。②通过理论分析计算得出结构的各阶模态和振型,即数值模态分析。试验模态分析是模态分析中最常用的,它与有限元分析技术一起成为解决现代复杂结构动力学问题的两大支柱。

利用试验模态分析研究系统动态性能是一种更经济、更有实效的方法。首先,根据已有的知识和经验,在已有汽车零部件产品基础上试制出新的汽车零部件产品;其次,用试验模态分析技术,对样机作全面的测试与分析,获得汽车零部件产品的动力特性,由此识别出系统的模态参数,建立数学模型,进而了解零部件产品在实际使用中的振动、噪声、疲劳等现实问题;然后,在计算机上改变零部件产品的结构参数,了解动态性能可能获得的改善程度,或者反过来,设计者事先指定好动力特性,由计算机来优化所需要的结构参数(质量、刚度、阻尼)。

传统的试验模态分析方法是建立在系统输入、输出数据均已知的基础上,利用激励和响应的完整信息进行参数识别。通常将汽车零部件放置于静止状态下,通过人为激振,测量激振力与响应并进行双通道快速傅里叶变换分析,得到任意两点之间的机械导纳函数(传递函数)。

数值模态分析主要采用有限元法,它是将弹性结构离散化为有限数量的具体质量、弹性特性单元后,在计算机上作数学运算的理论计算方法。它的优点是可以在结构设计之初,根据有限元分析结果,便预知产品的动态性能,可以在汽车零部件产品试制出来之前预估振动、噪声的强度和其他动态问题,并可改变结构形状以消除或抑制这些问题。只要能够正确显示出含边界条件在内振动模型,就可通过计算机改变汽车零部件产品尺寸的形状细节。

需要明确的是模态分析中只有线性行为是有效的。如果分析中含有接触单元,则系统取其初始状态的刚度值,并不再改变此刚度值。模态分析中必须制定杨氏模量(EX)、泊松比(μ)和密度($DENS$)。另外,网格划分以及约束与否和约束的位置对模态分析影响较大。

模态分析分为三大类:自由模态分析、约束模态分析、带预应力的模态分析。所谓"自由"就是被分析的部件没有任何的约束,有限元分析的频率就是部件的固有频率,如飞机关闭发动机自由滑行时的模态、子弹自由飞行时的模态等;约束模态是分析前处理好部件工作时的边界条件,模拟工况,这种模态是实际应用常见的模态;预应力模态就是物体在模态分析,物体本身已经存在应力,如高速旋转的叶片。

通过模态分析方法可以掌握物体在某一易受影响的频率范围内各阶主要模态的特性,就能预测结构在此频段内在外部或内部各种振源作用下实际振动响应。因此,模态分析是结构动态设计及设备的故障诊断的重要方法。机器、建筑物、航天航空飞行器、船舶、汽车等的实际振动千姿百态、瞬息变化。模态分析提供了研究各种实际结构振动的一条有效途径。

频率是模态分析的一项重要内容,单位为赫兹。它是单位时间内完成周期性变化的次数,是描述周期运动频繁程度的量,常用符号 f 表示,单位为秒分之一,符号为 s^{-1}。

$$f = \frac{1}{T} \quad (T \text{ 为时间})$$

第二节 悬臂梁的模态分析

打开 Modal_Line.wbpj 文件,在 Geometry 中已构建了概念悬臂梁,其材料默认为 Steel Structural。

在项目区域双击 ● Model(A4 项),进入 Modal-Mechanical 模态分析界面。该界面的流程与有限元静态力学分析类似,但也有区别。

一、网格划分

点击目录树上的 Mesh,右键弹出快捷菜单,选择 Insert →Sizing,在屏幕下方出现 Details of "Sizing",用线命令在图形区域选取整个梁,点击黄色区域→Apply,在 Definition →Type 的下拉菜单中选择 Number of Divisions,在□Number of Divisions 栏中填入 10,图形区域显示如图 7-1 所示。再点击目录树下的 Mesh,右键 Generate Mesh,网格如图 7-2 所示。

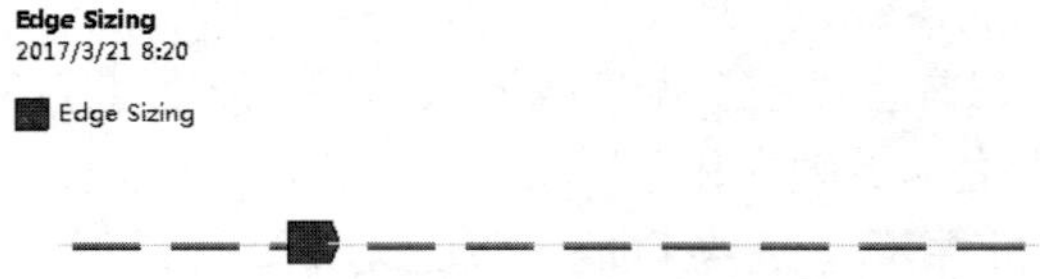

图 7-1 概念悬臂梁网格划分过程　　图 7-2 概念悬臂梁网格划分结果

二、分析步设置

点击 Analysis Settings,定义模态求解参数设置,在详细栏中 Options →Max Modes to Find 中设置 5,即定义求解 5 节模态。

三、边界条件设定

点击鼠标右键,在弹出的快捷菜单中选择 Insert →Fixed Support,在基本工具栏中选择点工具,在图形区域选取梁的左侧端点,然后将鼠标移至详细栏中按下 Apply。继续点击鼠标右键,在弹出的快捷菜单中选择 Insert →Displacement,在基本工具栏中选择线工具,在图形区域选取整个梁,然后将鼠标移至详细栏中按下 Apply,并详细栏中在垂直于屏幕的 Z Component 栏中填入 0,点击空白处,结束边界条件设定,如图 7-3 所示。

注:一般模态分析不需要加载。预应力模态除外。

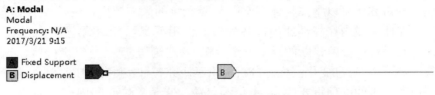

图 7-3 概念悬臂梁的边界条件

四、设定求解目标

点击目录树下的 Solution(A6),右键 Insert →Deformation →Total,点击右键,弹出快捷菜单,选择 Solve,进行求解。

五、后处理

用鼠标右键单击模型树中的 Total Deformation,在屏幕下方出现图 7-4 所示界面。将屏幕右下方各阶模态数值全选(单击一个模态的数值,然后 Ctrl + A,或右键 Select All),再单击鼠标右键,选择 Create Mode Shape Results(图 7-5),在目录树的 Solution(A6)下会增加 5 项 Total Deformation,点击目录树的 Solution,右键 Evaluate All results,其结果如图 7-6 所示;其中 Total Deformation 2 与原来手动设置的 Total Deformation 结果重复。

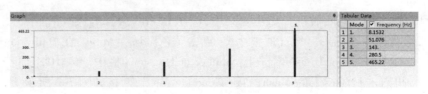

图 7-4 概念悬臂梁的模态结构

在模态分析中的变形结果大小没有任何意义,只是提供一个振型或形状结果。故在图 7-6,需要关注的是各阶的频率和振型以及变形最大点的位置。

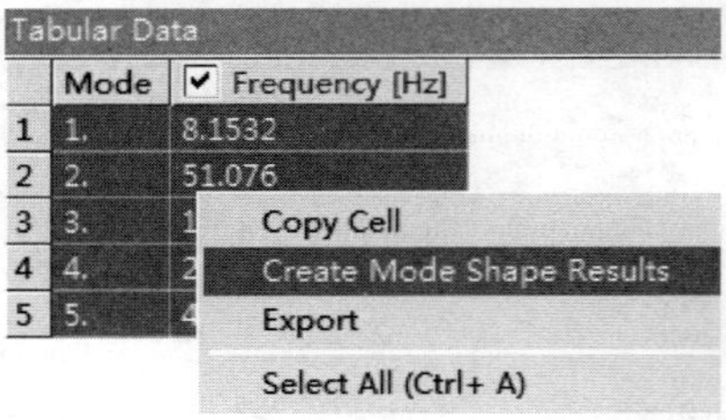

模态分析并不是最终目的。模态分析是为了结合有限元其他分析结果进行综合判定,如与有限元静力学分析结果进行综合分析和判断,如作为谐响应的前一分析步骤,为谐响应分析打好基础等。另外,在实际工程应力中,能够对结构安全产生影响的一般为低阶的频率振型。

图 7-5 各阶模态求解设置

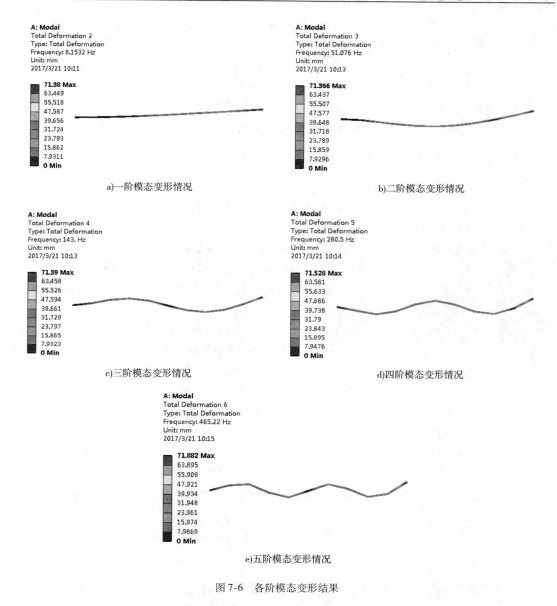

图 7-6 各阶模态变形结果

第三节　发动机曲轴模态分析

一、曲轴介绍

曲轴是发动机中最重要的部件之一,也是汽车振动和发动机振动的本身来源之一。发动机由于活塞往复的运动,对曲轴产生了转矩和附加力,并将动力传递给整个传动系统。同时,由于活塞往复的运动,产生周期性的波动,对传动系统产生周期性的激振,因此,对曲轴自身的模态更需关注。

曲轴是一异形转轴类零件，具有轴线不连续、长径比大、结构复杂等特点，从总体上看，曲轴不是对称或反对称体，对曲轴进行有限元模态分析时必须取整体为研究对象。

根据曲轴的结构形状特点，考虑曲轴的实际使用条件，以有限元计算的数据准备工作量、求解时间及精度等为基本尺度，曲轴模态计算时要求：

(1)曲轴结构形状复杂，建模时应以不影响其结构动特性为简化原则。

(2)划分网格的密度应该能保证计算结果的精度，真实反映曲轴的模态特性。

二、发动机曲轴模态分析

1. 导入几何(前处理)

打开 ANSYS Workbench 软件，新建 Modal 模态分析项目，点击项目 Geometry(A2)，右键弹出菜单(根据计算机配置不同，稍需等待)，选择 Import Geometry →Browse，选择光盘实例第七章中的 crankshaft. stp，再双击 Geometry，进入 DM 界面，点击 Generate 再生，导入几何完成，如图 7-7所示。关闭 DM 界面，返回项目界面。

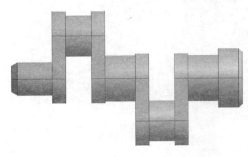

图 7-7　发动机曲轴三维数模

2. 定义材料

曲轴材料主要有锻钢和球墨铸铁两类，锻钢一般以中碳钢和中碳合金钢为主，如 45 钢、53 钢、35CrMo、40Cr 等；球墨铸铁有 QT600-3、QT700-2、QT800-2 等。本例发动机曲轴采用 40Cr 材料，其 $EX = 211\text{GPa}, \mu = 0.277, DENS = 7870\text{kg/m}^3$。

双击项目中 Engineering Data，进入材料定义界面。将材料名称 Structural Steel 改为 40Cr。在材料属性栏中将 Density 的值改为 7870kg/m^3，将 Isotropic Elasticity 下的 Young's Modulus 改为 2.11 E＋11Pa，将 Poisson's Ratio 改为 0.277，如图 7-8 所示。关闭材料定义界面。

Outline of Schematic A2: Engineering Data

	A	B	D
1	Contents of Engineering Data		Description
2	Material		
3	40Cr		Fatigue Data at zero mean stress comes from 1998 ASME BPV Code, Section 8, Div 2, Table 5-110.1
*	Click here to add a new material		

Properties of Outline Row 3: 40Cr

	A	B	C	D	E
1	Property	Value	Unit		
2	Density	7850	kg m^-3		
3	Isotropic Secant Coefficient of Thermal Expansion				
4	Coefficient of Thermal Expansion	1.2E-05	C^-1		
5	Reference Temperature	22	C		
6	Isotropic Elasticity				
7	Derive from	Young's Modulus and Pois...			
8	Young's Modulus	2E+11	Pa		
9	Poisson's Ratio	0.3			
10	Bulk Modulus	1.6667E+11	Pa		
11	Shear Modulus	7.6923E+10	Pa		

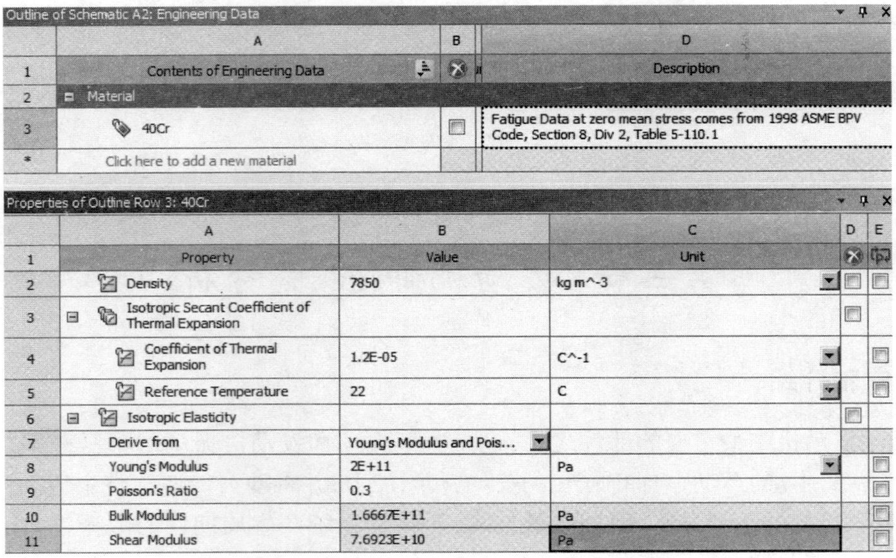

图 7-8　发动机曲轴材料定义

3. 网格划分

在项目界面中,双击 Model,进入 Mechanical 模态分析模块。点击目录树下的 Mesh,点击鼠标右键,弹出快捷菜单,选择 Insert →Method,在其下方的详细栏中的 Geometry 项中选中整个曲轴,在 Method 的下拉菜单中选择 Hex Dominant。网格大小由软件默认设置(注意,此处由于教学需要,并未对网格进行详细划分)。在点击目录树下的 Mesh 项,右键选择 Generate Mesh,网格划分如图 7-9 所示。

4. 设定边界条件

点击目录树 Modal(A5)下的 Analysis Settings,在详细栏中的 Max Modes to Find 填入 10。在上方的 Supports 选择 Displacement,在详细栏 Geometry 中用面命令选择(图 7-7)左端侧的端面,将 Z Component 设置 0;在 Supports 选择 Cylindrical Support,在详细栏 Geometry 中选择左端侧的圆柱面,放松 Axial 和 Tangetial,即选择 Free;继续在 Supports 选择 Cylindrical Support,在 Cylindrical Support2 的详细栏 Geometry 中选择右端侧的圆柱面,放松 Axial。边界条件设定如图 7-10 所示。

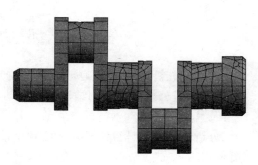

图 7-9　曲轴网格划分情况

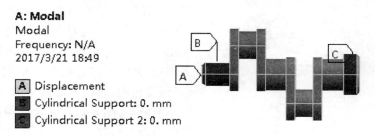

图 7-10　曲轴边界条件设定

5. 求解设定和后处理

点击目录树下的 Solution(A6),右键弹出菜单,选择 Insert →Deformation →Total。右键弹出菜单,选择 Solve。其结果如图 7-11 所示。

各阶状态下的振型由读者自行观察。

Mode	Frequency [Hz]
1	1.	696.54
2	2.	744.15
3	3.	1043.3
4	4.	1319.
5	5.	2917.4
6	6.	3309.7
7	7.	3479.2
8	8.	3960.9
9	9.	4840.9
10	10.	5175.7

图 7-11　曲轴模态分析的 10 阶频率

第八章 谐响应分析

第一节 谐响应分析的理论基础

谐响应分析主要用来确定线性结构在承载持续的周期性载荷时的周期性响应(谐响应)。谐响应分析能够预测结构的持续动力学特性,从而验证其设计能否成功地克服共振、疲劳及其他受迫振动引起的有害效果。

分析的目的是计算结构在激励频率下的响应,并得到频率响应曲线,通过曲线可以找到"峰值"响应,如共振等。

汽车系统是包含质量、弹簧和阻尼的振动系统,由多个具有固有振动特性的振动子系统组成。由于汽车零部件的固有频率不同,汽车行驶在道路不平的路面上、或者车速从一个速度提高到另一个速度时以及汽车行驶方向的变化、传动系统的动平衡、发动机动力的激励等作用,可能会引起汽车整车或局部的强烈振动,引发噪声、造成零部件失效、严重的可影响整车寿命等,图 8-1 所示为一辆赛车在道路不平的路面上行驶。

图 8-1 赛车行驶于道路不平的路面

根据动力学相关知识可知系统在简谐激励作用下的运动方程为:

$$M\ddot{X} + C\dot{X} + KX = F\sin(\omega t)$$

式中:M——结构的质量矩阵;
$\ddot{X}$——加速度向量;
C——结构的阻尼矩阵;
$\dot{X}$——速度向量;
K——结构的刚度矩阵;
X——结构的位移向量;
F——简谐激励的幅值矩阵;
ω——简谐激励的频率。

在 ANSYS Workbench 的谐响应分析中,提供了两种求解方法,一种是 Full 法,另外一种是模态叠加法(Mode Superposition)。但在经典的 ANSYS APDL 操作平台下,还有一种 Reduce 法。在 ANSYS Workbench 软件中默认采用 Mode Superposition,但后续实例操作中,建议采用 Full 法。

（1）Full 法。Full 法是最为常用的方法，它采用完整的系统矩阵（即不对矩阵进行缩减）计算谐响应，所用矩阵可以是对称的，也可以是不对称的。

（2）模态叠加法（Mode Superposition）。模态叠加法通过模态分析得到的模态（即特征向量）与参与因子的乘积进行积分来计算结构的响应。

（3）Reduce 法。Reduce 法借助主自由度和缩减矩阵来压缩问题的规模。主自由度处位移计算得到的结果可扩展到初始的完整 DOF（自由度）集中。

三种方法的优缺点见表 8-1 所示。

三种求解方法对比表　　　　表 8-1

求解方法	完整法 Full	模态叠加法 Mode Superposition	缩减法 Reduce
相对求解时间	慢	最快	较快
相对使用容易程度	最容易	难	较容易
能允许元素载荷（例如压强）	允许	允许	不允许
能允许非零位移载荷	允许	不允许	允许
能允许模态阻尼	不允许	允许	不允许
能进行预处理	不能	能	能
能进行"Restart"	能	不能	能
能允许非对称矩阵	允许	不允许	不允许
为求解需选择模态么？	不需要	需要	不需要
需要选择主自由度么？	不需要	需要	需要

第二节　悬臂梁的谐响应分析

打开光盘实例第八章中的 Harmonic_Line.wbpj 项目文件。

一、建立简谐分析项目

选择 ToolBox 工具箱中 Harmonic Response，选中该命令后按住鼠标左键，将其拖曳至项目 A 上，在项目 A 上会出现四个（绿色的）框，代表该项目最多能共享四项；将鼠标移至项目 Model（A4）上，在项目 A 右侧出现（红色）框 Share A2:A4（代表共享项从 A2 到 A4），如图8-2所示，放开鼠标，建立谐响应分析流程，在项目区显示如图 8-3 所示。

二、进入简谐分析界面

双击项目 B 中的 Setup（B5），进入 Multiple Systems-Mechanical 谐响应分析界面，如图 8-4所示。

三、简谐分析步的设置

单击目录树 Harmonic Response（B5）下的 Analysis Settings，在详细栏中对分析步进行设置，设置的细节如图 8-5 所示。

图 8-2　谐响应分析建立

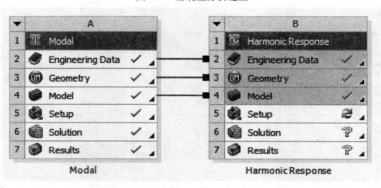

图 8-3　谐响应项目区域显示

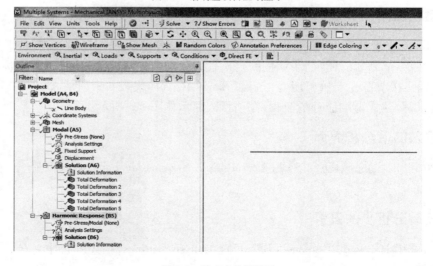

图 8-4　谐响应分析界面

Details of "Analysis Settings"	
Options	
Range Minimum	1. Hz
Range Maximum	100. Hz
Solution Intervals	100
Solution Method	Full
Variational Technology	Program Controlled
Output Controls	
Damping Controls	
Analysis Data Management	

图 8-5　概念悬臂梁简谐分析步设置

图 8-5 中，Range Minimum 和 Range Maximum 为载荷的最低和最高简谐激励的频率；Solution Intervals 为频率间需要计算点的个数，在图 8-5 中，频率为 1 ~ 100Hz，即每 1Hz 计算一个点；在 Solution Method 中通过下拉菜单选择 Full 法。

四、设定边界条件

虽然在模态分析中对概念悬臂梁进行了边界条件设定，但在简谐分析中，仍需要对边界条件进行设定。

选择界面上方菜单 Supports →Fixed Support，采用基本工具栏中的点命令，选择概念悬臂梁左侧的端点（注意该点的约束与模态设置需一致），在左下方的详细栏中按下 Apply；选择 Loads →Force，选择概念悬臂梁右侧的端点，在左下方的详细栏中按下 Apply，将 Force 详细栏中的 Definition 中的 Define By 的 Vector 选项改为 Components，并在 Y Component 中输入 －100（N），具体如图 8-6 所示。

边界条件设置完后的具体情况如图 8-7 所示。

Details of "Force"	
Scope	
Scoping Method	Geometry Selection
Geometry	1 Vertex
Definition	
Type	Force
Define By	Components
Coordinate System	Global Coordinate System
X Component	0. N
Y Component	-100. N
Z Component	0. N
Phase Angle	0. °
Suppressed	No

图 8-6　概念悬臂梁力的设置

图 8-7　概念悬臂梁边界条件设定

五、求解设定

点击目录树下的 Solution(B6),右键弹出菜单选择 Insert→Frequency Response→Deformation,如图 8-8 所示。

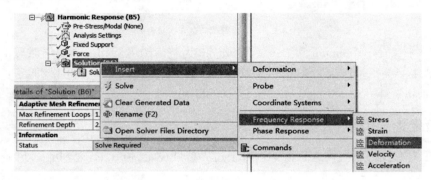

图 8-8　插入求解项

插入求解项后,在下方出现详细栏。点击基本工具栏中点命令,选择概念悬臂梁的右侧端点,在详细栏中的 Geometry 中点击 Apply(一般选择模态分析最突出点进行分析);同时在 Orientation 中将方向设置为 Y Axis;在 Display 选项的下拉菜单中选择 Amplitude,如图 8-9 所示。点击右键,选择 Solve,其结果如图 8-10 所示。

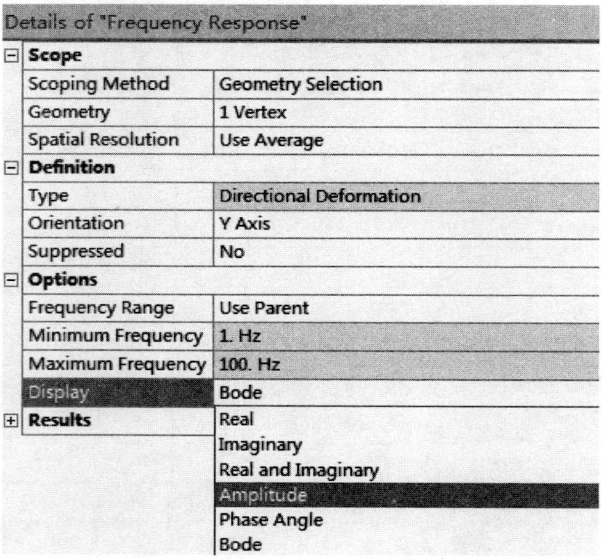

图 8-9　求解项 Frequency Response→Deformation 详细栏设置

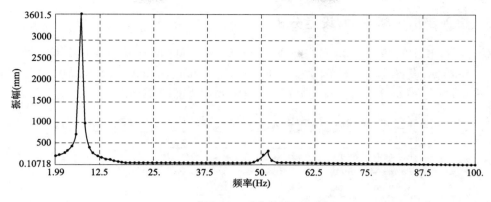

图 8-10 求解结果

六、后处理

在第七章第二节概念悬臂梁模态分析中,一阶模态和二阶模态频率数值为 8.15Hz 和 51.1Hz,三阶模态频率数值为 143Hz;而在此章节中(概念悬臂梁谐响应分析),加载载荷频率为 1~100Hz,因此在此频率内概念悬臂梁有两处与模态分析的频率重叠,故在谐响应分析中出现两处共振的点,分析与图 8-10 求解结果相同。

第三节 发动机曲轴的谐响应分析

打开光盘实例第八章中的 Crankshaft_Harmonic.wbpj 项目文件。

一、建立谐响应分析项目

将 Toolbox 中的 Harmonic Response 拖曳至项目区,并共享到 A4 项,如图 8-11 所示。

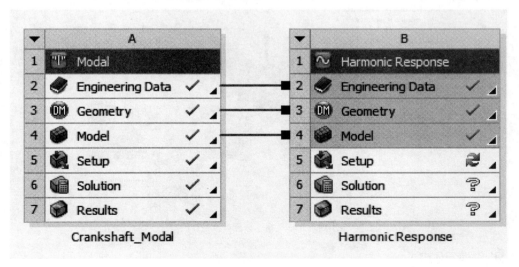

图 8-11 曲轴谐响应分析项目建立

二、进入简谐分析界面,设定分析步

双击项目 B 中的 Setup(B5),进入 Multiple Systems-Mechanical 谐响应分析界面。点击 Analysis Settings,设置载荷频率范围为 1~800Hz,求 Solution Intervals 解间隔设定为 100,Solution Method 采用 Full 法进行分析,分析步详细栏设置如图 8-12 所示。

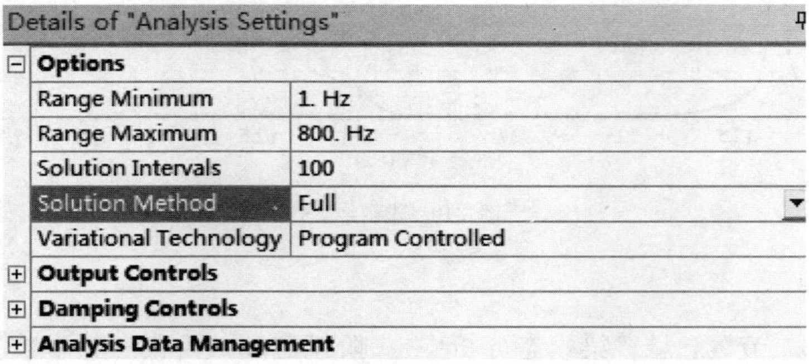

图 8-12 曲轴谐响应分析步详细栏设置

三、边界条件设置

点击 Harmonic Response(B5),在界面上方的 Supports 选择 Displacement,在详细栏 Geometry 中用面命令选择曲轴左端侧的端面,将 Z Component 设置 0;在 Supports 选择 Cylindrical Support,在详细栏 Geometry 中选择曲轴左端侧的圆柱面,放松 Axial 和 Tangetial,即选择 Free;继续在 Supports 选择 Cylindrical Support,在 Cylindrical Support2 的详细栏 Geometry 中选择曲轴右端侧的圆柱面,放松 Axial(同模态分析中的图 7-10)。在点击界面上方的 Loads,选择 Force,在 Details of "Force"的详细栏设置 Geometry 中选择左侧第二个圆柱表面,在 Define By 中设置 Components,并在 Y Component 中填入 600(N),边界条件设定如图 8-13 所示。

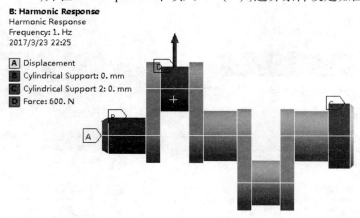

图 8-13 曲轴谐响应分析边界条件设定

四、求解设定

点击目录树下的 Solution(B6),右键弹出菜单选择 Insert→Frequency Response→Deformation。在详细设置栏中,用线命令选择右侧圆柱的外端线(外圆周线),如图 8-14 所示。Frequency Response 详细栏设置如图 8-15 所示。再点击目录树下的 Solution(B6),右键弹出快捷菜单,选择 Solve 求解,其结果如图 8-16 所示。

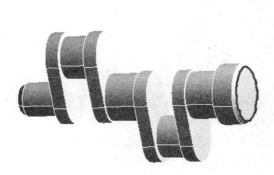

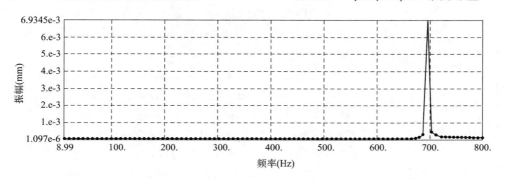

图 8-14 曲轴右侧圆柱的外端线频响设定   图 8-15 Frequency Response 详细栏设置

图 8-16 曲轴 Frequency Response 求解结果

五、曲轴谐响应分析后处理

由曲轴的模态分析可知,该曲轴的一阶和二阶模态频率为 696.5Hz 和 744.1Hz,三阶模态频率为 1043.3Hz;在曲轴谐响应分析中,曲轴加载的载荷频率为 1~800Hz,故在曲轴谐响应分析的频幅响应图 8-16 上能看到,曲轴在 700Hz 附近出现较强的反应,但与实际分析中一阶和二阶模态理论分析中应该有两处反应。这是因为,在实际分析和设计过程中,若避免加载频率与模态分析频率共振,一般加载的频率范围避免在模态分析的 ±15% 左右;该曲轴分析的一阶和二阶模态的固有频率比较接近,故分析过程中,只出现一个明显频幅响应的峰值。

思考:在实际生活中,发动机曲轴的固有频率一般较大,而加载频率或者载荷的周期频率大概多大呢?

提示:可以从发动机的缸数、行程、转速、频率等方面去考虑。

第九章 屈曲分析

第一节 屈曲分析的基础理论

屈曲分析主要用于研究结构在特定载荷下的稳定性以及确定结构失稳的临界载荷,屈曲分析包括:线性(特征值)屈曲分析和非线性屈曲分析。

当结构所承受的载荷达到某一极限数值时,载荷有微小的增加后,应力和应变的变化会不按比例地显著变化,这种内部抗力体系的突然崩溃就是结构的屈曲或失稳,如图 9-1 所示。

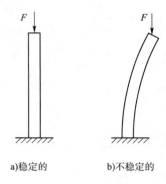

图 9-1　压杆稳定结构

线性屈曲分析(Linear Bucking Analysis)是以特征值为研究对象,特征值或线性屈曲分析预测的是理想线性结构的理论屈曲强度。

经典的线性屈曲理论虽然在能够解释一般失稳问题,但对于薄壁件结构,如易拉罐受压、受静水压的球等薄壁物体,其实际承载能力远小于理论屈曲载荷。从轴向受压的薄壁物体实际屈曲载荷与线性屈曲理论分析载荷之间存在极大差异来看,这是因为薄壁件物体在实际过程中发生屈曲破坏,应该考虑使用非线性的大扰度方程;一般在此情况下,薄壁件壳体会出现一个个轴对称的褶皱环,这种现象称为动力渐进屈曲。

本章主要讨论线性屈曲分析。如图 9-1 所示,当轴向外界载荷 F 小于杆的临界载荷时,此杆将保持直状态而只承受轴向压缩,外界扰动施加后撤销不影响其稳定性;当轴向外界载荷 F 大于杆的临界载荷时,外界的扰动将会导致杆的直立状态不稳定,而且不稳定状态还会扩大,此状态称为压杆失稳或屈曲(欧拉屈曲)。

细长梁一般为梁截面高和宽尺寸与梁的长度尺寸相比相差较大,如图 9-2 所示。梁跨度中部无侧向支承或侧向支承距离较大,在最大刚度主平面内承受横向荷载或弯矩作用时,载荷达到一定数值,梁截面可能产生侧向位移和扭转,导致丧失承载能力,这种现象称为梁的侧向弯扭屈曲,简称侧扭屈曲。

图9-2　细长梁

一般什么情况下才进行屈曲分析呢?对于圆柱体其杆长与直径比大于 10:1 时,应该进行屈曲分析。

如有一根杆截面为 $\phi 56 \times 6mm$,长度为 685mm,其杆长/直径为 685/56,杆径比值大于 10∶1,需进行屈曲分析。

第二节 推力杆屈曲分析

打开光盘实例第九章中的 trust_rod_buckling.wbpj 文件,其项目界面如图 9-3 所示。

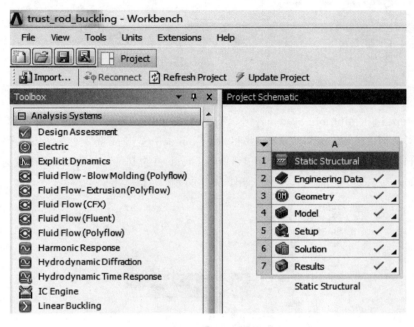

图 9-3 trust_rod_buckling 初始界面

单击 Toolbox 中的 Linear Buckling,左键按住并将 Linear Buckling 拖曳至项目 A 上,并共享至 Solution(A6)项,具体如图 9-4 所示。放开鼠标左键,屈曲分析建立如图 9-5 所示。

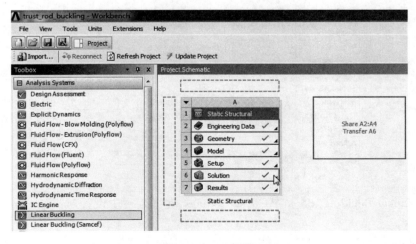

图 9-4 建立屈曲分析

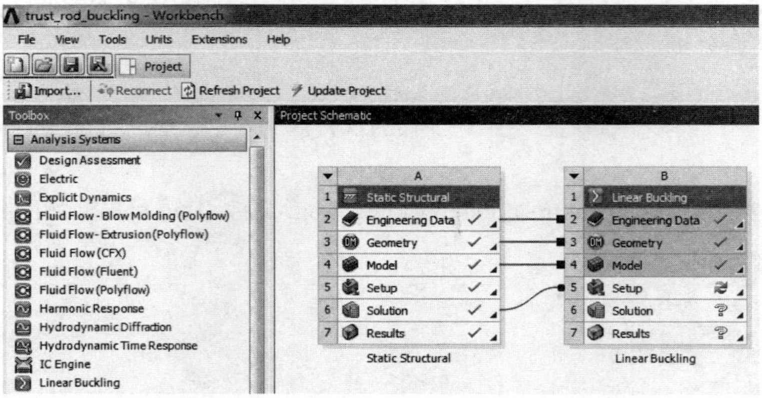

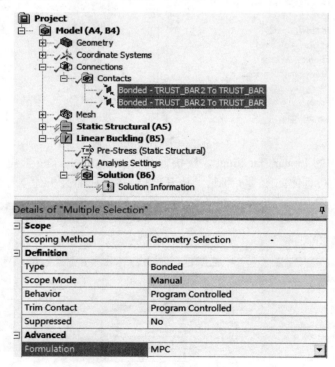

图 9-5　屈曲分析建立完成

双击 Setup，进入 Multiple Systems，可以看到 Linear Buckling(B5)前面有？，这是因为原先的静态分析中的 Connections→Contacts，将两个 Bonded 连接都选上(方法安装 Ctrl 键，逐一单击 Bonded)，在详细栏中将 Advanced→Formulation 中的 Program Controlled 改为 MPC，此时在 Linear Buckling(B5)前面的？变为⚡，如图 9-6 所示。

图 9-6　连接设置

再单击 Linear Buckling(B5)→Analysis Settings，在详细栏中设置 Max Modes to Find 为 5，如图 9-7 所示。

单击 Solution(B6)，右击弹出快捷菜单，选择 Solve，求解结果在屏幕的右下方，如图 9-8 所示。

Details of "Analysis Settings"	
Options	
Max Modes to Find	5.
Solver Controls	
Solver Type	Program Controlled
Output Controls	
Analysis Data Management	

Tabular Data		
	Mode	✓ Load Multiplier
1	1.	1.9314
2	2.	1.9413
3	3.	16.558
4	4.	17.213
5	5.	39.

图9-7 屈曲分析步设置　　　　　　　　　图9-8 屈曲分析结果

在图9-8中,选择所有分析结果,操作过程:单击任意的分析结果,右击弹出快捷菜单,选择Selected All;然后再继续右击,选择Create Mode Shape Results,如图9-9所示,即产生5阶的屈曲分析结果;在目录树Solution(B6)项下会产生5项待求解的变形,如图9-10所示。单击Solution,右击弹出快捷菜单,单击Evaluate All Results。

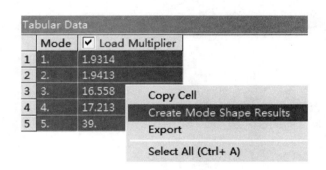

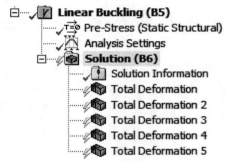

图9-9 创建屈曲分析结果　　　　　　　图9-10 Solution项下待求解结果

从图9-8分析得知,在一阶和二阶的屈曲载荷系数为1.93和1.94,而在实际工程应用过程中,屈曲载荷系数一般要求在3~5,故一阶和二阶屈曲有可能发生,而三阶屈曲载荷系数为16.56,比较大。故需查看一阶和二阶屈曲变形结果,如图9-11和图9-12所示。

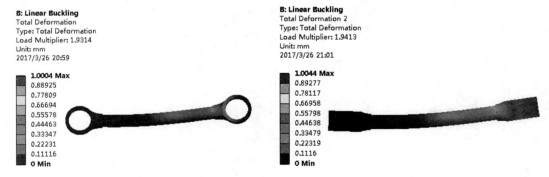

图9-11 一阶屈曲变形结果　　　　　　　图9-12 二阶屈曲变形结果

从图9-11中可以看出,一阶屈曲的方向主要在上下方向;从图9-12中可以看出,二阶屈曲方向主要在前后方向上。屈曲分析过程主要看载荷系数,即图9-8的分析结果中的Load Multiplier。

此推力杆在实际运行工作中确实易发生一阶和二阶屈曲,如图 9-13 所示。

图 9-13　推力杆发生一阶和二阶屈曲实例

第十章 结构优化设计

第一节 Workbench 优化设计概述

在 ANSYS Workbench 中,提供了 Design Exploration 优化设计模块。该模块所处位置如图 10-1 所示。

图 10-1 Design Exploration 优化设计模块位置

通过 Design Exploration 优化设计模块,可以对输入的单参数(即单个设计变量)、多参数(即多个设计变量)针对单个或多个设计输出参数进行仿真分析。

这仿真分析之前,一般需要对输入参数进行合理的设定范围值,以便优化设计能够找到最佳的设计组合,仿真求解出最优的输出结果。

所有可用于仿真分析的参数均可以作为 Design Exploration 的输入参数,包括载荷、材料的属性值、几何的特征尺寸等参数。而输出参数,只要通过 Workbench 仿真能得到的结果,即在 Solution 中求得的结果,均可以作为输出参数。

在 ANSYS Workbench 的 Design Exploration 中,可以通过敏感度分析、响应曲面(线)等方法来分析输入和输出参数之间的关系,也可以通过优化设计表设计点组的优化结果来判定最优参数。但建议还是使用前面两种方法,这样能够了解输入参数与输出参数之间的变化趋势,不至于漏判误判。

第二节 传动轴优化分析

打开光盘实例第十章中的 Transmission Shaft. wbpj 文件,项目界面如 10-2 所示。

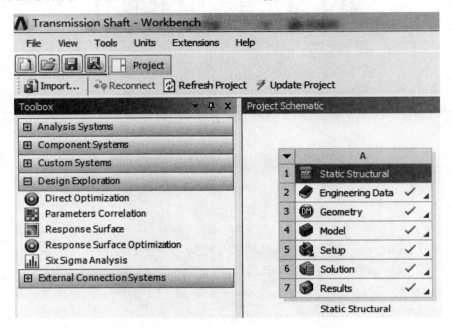

图 10-2 Transmission Shaft 项目界面

双击 Geometry(A3),进入 DM 界面,单击目录下的 Extrude1 下的 Sketch1,在详细栏中的 Dimensions:2 中□D2,点击□框中,此时框中变为 D,如图 10-3 所示,代表输入参数建立,关闭 DM 界面。

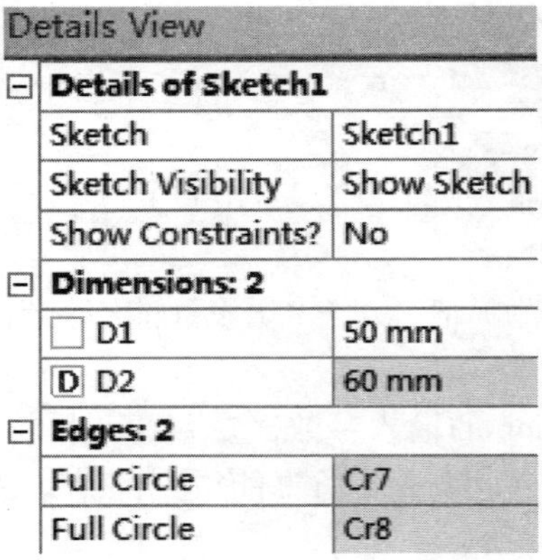

此时项目界面变化如图 10-4 所示,出现 Parameter Set,表示输入参数建立完成。双击 Results,进入 Mechanical 分析界面,单击目录树下的 Solution(A6),查看 Maximum Shear Stress 分析结果,其最大应力为 474MPa,单击其下方详细栏 Results 中□Maximum 的框,此时框中变成 P,代表选定输出参数,如图 10-5 所示。

此时,项目界面变化,表明输入和输出参数都建立完毕。此时单击项目的 Toolbox 工具箱的 Design Exploration 中的 Response Surface,将其拖曳至项目区的红色区域内,如图 10-6 所示,建立响应曲面优化分析;分析界面增加了一项分析项目 B,如图 10-7 所示。

图 10-3 输入参数设置

双击 Design of Experiments(B2),进入优化分析界面,如图 10-8 所示。图中 P1-OuterDiameter. D2 是在 DM 界面中定义的输入参数, P2-Maximum Shear Stress 是在静态力学分析 Mechanical 界面中定义的输出参数。

第十章 结构优化设计

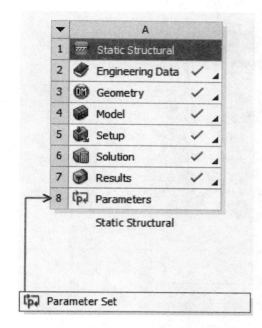

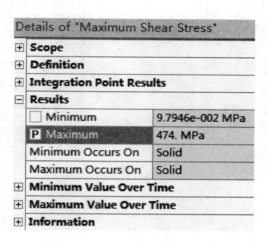

图 10-4 输入参数建立后的项目界面　　　　　　图 10-5 输出参数设定

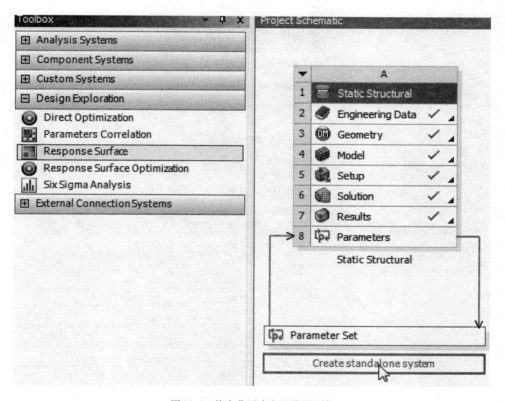

图 10-6 拖曳曲面响应至项目区域

103

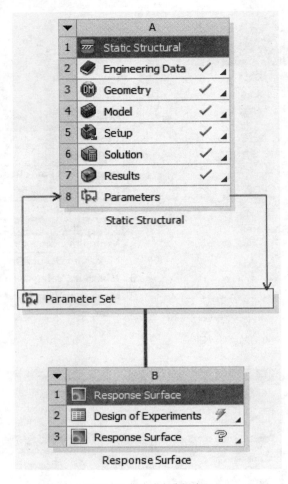

图 10-7 曲面响应分析建立

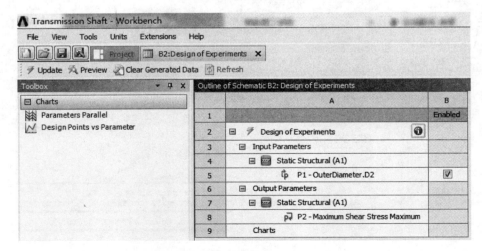

图 10-8 曲面响应分析初始界面

单击 P1-OuterDiameter.D2（A5），在其下方出现 Properties of Outline：P1-OuterDiameter. D2，即输入参数属性栏，系统默认设置如图 10-9 所示。

	A	B
1	Property	Value
2	☐ General	
3	Units	mm
4	Type	Design Variable
5	Classification	Continuous
6	☐ Values	
7	Value	60
8	Lower Bound	54
9	Upper Bound	66
10	Use Manufacturable Values	☐

图 10-9　输入参数系统默认设置的属性栏

图 10-9 中，Lower Bound 为输入参数 OuterDiameter 的下限值；Upper Bound 为输入参数 OuterDiameter 的上限值。可以根据设计的优化条件范围选择输入参数的上、下限值，此处设定下限值为 60，上限值为 65。单击右上角的 Preview，在界面的右侧出现 5 组未对输出参数求解的设计点数据。单击 Update Order 的下拉菜单，选择 Ascending（升序排列），如图 10-10 所示。

	A	B	C	D
1	Name	Update Order	P1 - OuterDiameter.D2 (mm)	P2 - Maximum Shear Stress Maximum (M...)
2	2	1	60	⚡
3	4	2	61.25	⚡
4	1	3	62.5	⚡
5	5	4	63.75	⚡
6	3	5	65	⚡

图 10-10　设计点数据组待解

单击屏幕左上角的 Update 进行设计点数据组求解，界面跳出对话框，如图 10-11 所示。

图 10-11　Update 后跳出的对话框

单击图10-11中的Yes,优化分析开始对设计点数据组进行求解,此时根据计算机的配置不同,等待运算时间有较大差异。所求解的结果如图10-12所示。

	A	B	C	D
1	Name	Update Order	P1 - OuterDiameter.D2 (mm)	P2 - Maximum Shear Stress Maximum (M...
2	2 (DP 0)	1	60	474
3	4	2	61.25	418.96
4	1	3	62.5	371.48
5	5	4	63.75	335.54
6	3	5	65	305.53

图10-12 设计点数据组求解结果

从图10-12中的各设计点数据组的结果能够了解到外径对该分析最大剪应力的影响。

关闭B2:Design of Experiments分析界面,在项目界面中单击Response Surface(B3),双击✓⊠Local Sensitivity Curves,在屏幕右下角出现敏感度曲线,如图10-13所示。从图10-13能掌握输入参数对输出参数影响趋势,从直观上提供给设计者对设计参数的判定依据。

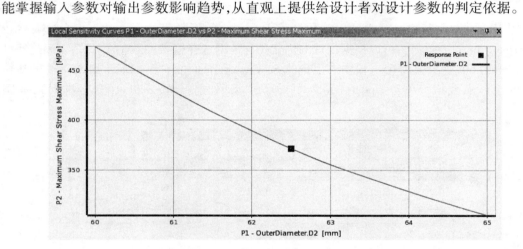

图10-13 敏感度分析曲线

其实,优化分析中可以设置多个输入参数和多个输出参数进行优化分析,并通过敏感度分析或3D曲面响应分析来了解各项输入和输出参数之间的关系,方便设计中在繁杂的设计参数中找到影响设计的重要参数。

关闭B3:Response Surface界面。返回到项目界面,再双击Geometry(A3),在DM界面中将目录树下的Extrude1中Sketch1详细栏中DimensionS:2中的D1也选为输入参数,然后关闭DM界面,返回项目区。单击Design of Experiments(B2),右击弹出快捷菜单,选择Update,系统则根据默认的设计点数据组对结果进行分析。等待分析完毕后,双击Response Surface(B3),进入B3:Response Surface界面,单击左上角的Update命令,使界面的数值更新,此时再单击✓⊠Local Sensitivity Curves(A17),在界面右下角出现各输入参数对输出参数的敏感度影响,如图10-14所示。

此时再单击Outline of Schematic B3:Response Surface中的Response(A15),如图10-15

所示。在其界面下方出现 Properties of Outline A15：Response，将 Chart →Mode 中的 2D 改为 3D 选项，如图 10-16 所示。

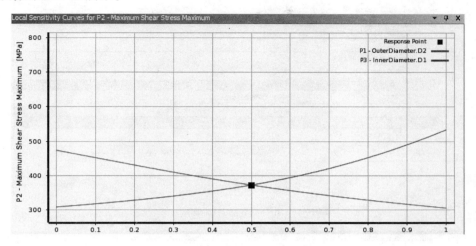

图 10-14　各输入参数对输出参数的敏感度影响

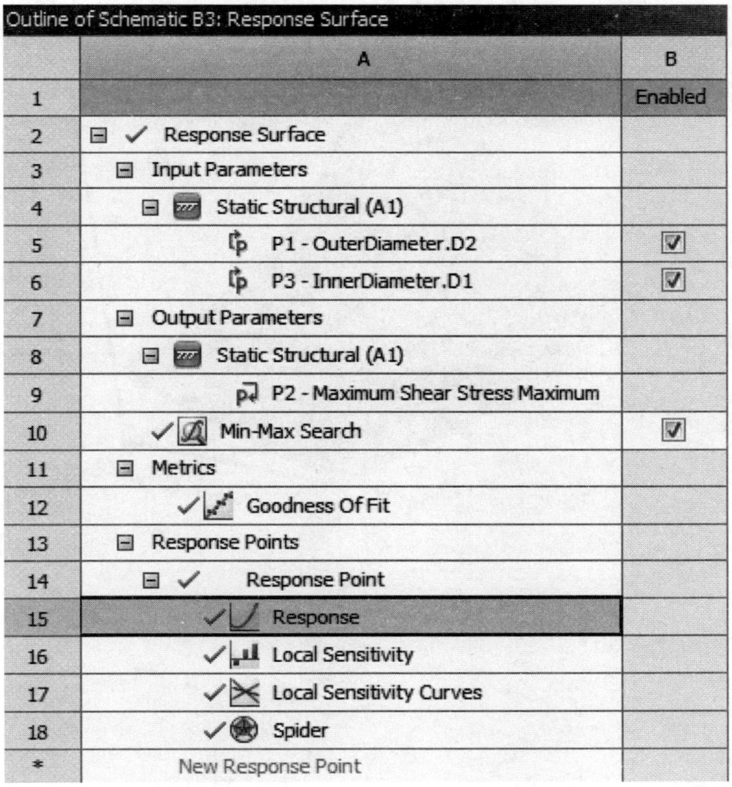

图 10-15　Outline of Schematic B3：Response Surface

设置 3D 曲面响应后，在屏幕的右下方出现如图 10-17 所示的 3D 响应曲面。该图从 3D 曲面的角度来反映输入参数与输出参数之间的影响趋势。

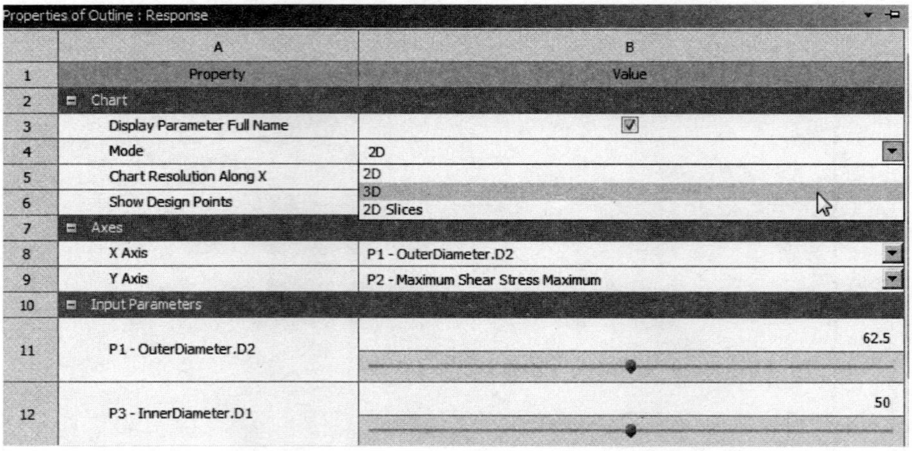

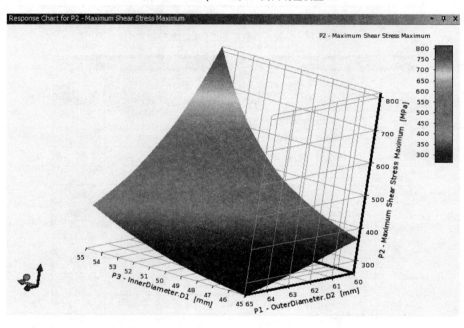

图 10-16　Response 的 3D 曲面响应设置

图 10-17　3D 响应曲面

第十一章 瞬态动力学分析

第一节 瞬态动力学的理论基础

瞬态动力学分析(又称时间历程分析)是用于确定结构承受任意随时间变化载荷时响应的一种方法。它可以确定结构在稳态载荷、瞬态载荷、简谐载荷等的随意组合作用下随时间变化的位移、应变、应力和力等响应。载荷和时间相关性使得惯性力和阻尼作用比较重要,如果惯性力和阻尼作用不重要,就可用静力学分析代替瞬态分析。

瞬态动力学应用广泛,对于承受各种冲击载荷的结构,如汽车的门、缓冲器、车架、悬架等;承受各种随时间变化载荷的结构,如桥梁、建筑物等;以及承受撞击和颠簸的设备等。

瞬态动力学的基本运动方程是:

$$M\ddot{u} + C\dot{u} + Ku = F(t)$$

式中:M——质量矩阵;
C——阻尼矩阵;
K——刚度矩阵;
$\ddot{u}$——节点加速度向量;
$\dot{u}$——节点速度向量;
u——节点位移向量。

在通常的弹性力学和塑性力学中,讨论的都属于准静态问题。在这些问题中,假定外载是缓慢地施加到结构上去的,相应地结构内的变形也进行得缓慢。由于不考虑物体变形过程中的加速度,惯性力与外载相比可以忽略不计,因而可以按平衡问题来分析。

如果外界的激励变化得很快,结构在短时间内承受的载荷比静态极限载荷高得多时,这时候用结构动力响应就非常适合。

结构响应可以由隐式解法和显式解法来求解。求解当前的时间步还需要用到后面时间步的信息,这是隐式解法;而显式解法是只根据前面的时间步就可以得到当前的解答了。在ANSYS中,Transient Structural(瞬态动力学)用的是隐式解法,而 Explicit Dynamics 用的是显式解法。一般而言,显式解法面对的都是时间很短暂的问题,例如冲击、碰撞、波的传播等。隐式解法所面对的时间则相对较长一些。

瞬态动力学分析比静力学分析更为复杂,因为它需要模拟一个时间过程,计算量一般都比较大,占用的系统内容和硬盘空间较多。

一般在进行瞬态动力学分析,最好能通过模态分析计算结构的固有频率和振型,以便了解模态被激活时结构的响应状态。同时,固有频率对选择合适的积分时间步长十分有用。瞬态动力学分析的关键技术细节有:合理定义的积分时间步长、自动时间步长和阻尼等。

瞬态动力学分析的求解精度取决于积分时间步长的大小：时间步长越小，精度相对越高。ANSYS 程序使用 NewMark 时间积分方法在离散的时间节点上求解运动的基本方程。两个连续时间点之间的时间增量称为积分时间步长。

太大的积分时间步长将引发较高阶模态响应的误差，从而在一定程度影响整体计算精度，太小的时间步长会大量消耗计算机资源和时间。因此选取合理的积分时间步长十分重要。

计算响应频率时，时间步长应足够小，以求出结构的响应。对于结构的动力学响应，可看作是各阶模态响应的组合，时间步长小到能够求出对整体有贡献的最高阶模态。对于 Newmark 时间积分方案，一般要求积分时间步长为获得动力响应最高频率的 1/20，即有：

$$\Delta t_{initial} = \frac{1}{20 \times f_{response}}$$

式中：$\Delta t_{initial}$——初始步长时间（Initial Time Step）；

$f_{response}$——想要获取的最高振荡频率。

瞬态动力学分析的基本步骤：

(1) 建立有限元模型，设置材料属性。
(2) 定义接触区域。
(3) 定义网格控制并划分网格。
(4) 制定边界条件。
(5) 设置 Analysis Settings；这一步是瞬态动力学关键的步骤，也是与静态分析有所不同的地方。
(6) 设置求解选项并求解。
(7) 对结果进行评价和分析。

第二节　悬臂梁的瞬态动力学分析

如图 11-1，在悬臂梁的自由端加一个垂直方向的冲击载荷 F，其值大小为 10N，要求其力 F 施加情况如图 11-2 所示，观察载荷施加位置的响应情况。

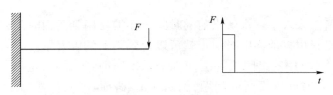

图 11-1　瞬态载荷　　　　　　　　　图 11-2　载荷施加步骤

一、建立瞬态动力学分析

打开光盘实例第十一章中的 Transient_example.wbpj 文件，将 Toolbox 中的 Transient Structural 拖曳至项目 A 的 Model 上，如图 11-3 所示。放松鼠标左键，瞬态动力学分析流程建立成功，如图 11-4 所示。

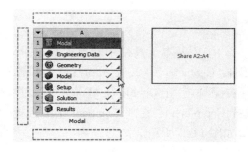

图 11-3　建立瞬态动力学分析流程

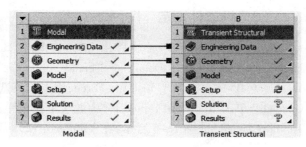

图 11-4　瞬态动力学分析建立成功

二、设置分析步

双击 Setup(B5)，进入 Multiple Systems-Mechanical 界面，单击目录树 Transient(B5)下的 Analysis Settings，设置分析步，从图 11-2 的载荷步骤可以看出，分析步的总步数为 3 步。单击 Analysis Settings，在其详细栏中分别设置 3 次，如图 11-5 所示。

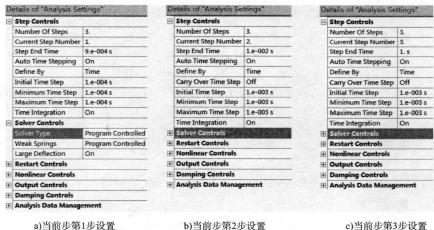

a)当前步第1步设置　　　　　b)当前步第2步设置　　　　　c)当前步第3步设置

图 11-5　分析步设置情况

其中：

Mumber of Steps：用于设置总时间步数；

Current Step Number：当前步；

Step End Time：用于设置当前时间步结束时间；

Initial time step：初始步时间；

Minimum time step：每步最小时间；

Maximum time step：每步最大时间。

在每设置 1 步时，其求解步数为 Step End Time/Initial time step。若运算时，初始步时间不合适，系统会自动根据每步最小时间和每步最大时间之间寻找最佳值来替代当前初始步时间的那个运算点。

从图 11-5 的分析步设置情况来看，第 1 步求解 9 个点；第 2 步求解 10 个点；第 3 步求解 990 个点，最终应该得到 1009 个点。

三、边界条件设定

单击 Transient(B5),右击弹出 Insert →Fixed Support,采用基本工具栏中的点工具,选择概念梁的左侧端点,在 Details of "Fixed Support"详细栏 Geometry 中单击 Apply;继续单击 Transient(B5),右击弹出 Insert →Force,用点工具选择右侧端点,在 Details of "Force"详细栏 Geometry 单击 Apply,在 Define By 中通过下拉菜单选择 Components,在 Y Component 中选择 Tabular(Time),如图 11-6 所示,在 Tabular 中所填数值如图 11-2 所示。

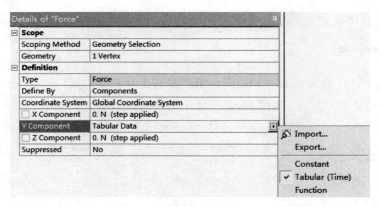

图 11-6　力的设置

单击 Solution(B6),右击弹出 Insert →Deformation →Directional,在详细栏的 Orientation 中选择 Y Axis,然后右击选择 Solve,其结果如图 11-7 所示。

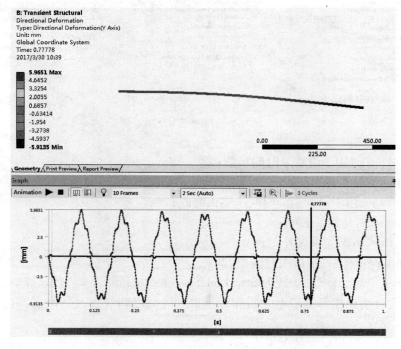

图 11-7　悬臂梁瞬态分析结果

第三节 齿轮的瞬态动力学分析

在 ANSYS Workbench 的 Transient Structural 中的模型可以是刚体,也可以是柔性体;另外可以在此模块中建立运动副,可以作完全的刚体运动分析,也可以作刚柔混合运动分析。对于齿轮的瞬态动力学分析,需要运用到运动副,在 ANSYS Workbench 中提供的运动副有旋转副、平面副、万向节等。

打开光盘实例第十一章中的 Gear_transient.wbpj 文件,单击 Model(A4)进入 Transient Structural-Mechanical 界面,单击目录树下的 Connections→Contacts→Contact Region,在详细栏中 Contact 项单击 4Faces,将鼠标移至图形区,单击大齿轮,右击 Hide Body(F9),将大齿轮隐藏,如图 11-8 所示。

再单击屏幕左上方的基本工具栏,通过下拉菜单选择方式将单选操作改为框选操作,通过框选操作选择小齿轮的所有面,如图 11-9 所示。

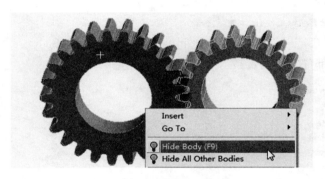

图 11-8　隐藏大齿轮快捷命令选择　　　　图 11-9　框选小齿轮所有面

再将基本工具栏的框选操作改为单选操作,按住 Ctrl 键,将小齿轮的两个大面和内孔面排除,然后将鼠标移至详细栏 Contact 中,单击 Apply;在如图 11-10 所示。

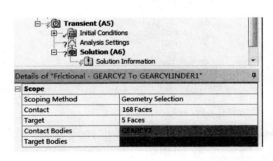

图 11-10　小齿轮接触区选取

此时再单击小齿轮,右击选择 Hide Body,只保留大齿轮。在详细栏的 Target 栏中采用上述类似操作,通过在图形区域右击,选择 Show All Bodies 将所有部件显示。再通过框选和单选排除,将大齿轮的接触区域选取。再单击 Contacts,将 Bonded 约束改为 Frictional,在详细栏 Type 中选择 Frictional,在 Friction Coefficient 中填入 0.2,具体如图 11-11 所示。

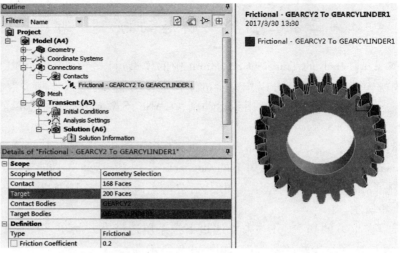

图 11-11 齿轮接触区域及摩擦系数设置

单击 Contacts，在上方出现 Body-Ground ▼ Body-Body ▼ 工具条。单击 Body-Ground 工具条，出现如图 11-12a）所示，为部件与地面之间的连接；单击 Body-Body 工具条，出现如图 11-12b）所示，为部件与部件之间的连接。

a)部件与地面间的连接　　b)部件与部件间的连接

图 11-12 运动副基本内容

在图形区域中，单击大齿轮中间的圆柱面（必须是整个圆柱面），选择 Body-Ground → Revolute，此时在左下角出现详细栏如图 11-13 所示。采用相同的办法将小齿轮中间的圆柱面选用 Body-Ground →Revolute。两个齿轮的连接关系设置完毕。

网格采用默认设置，自动划分。

单击 Transient(A5)目录树下的 Analysis Settings，进行分析步设置，如图 11-14。

单击 Transient(A5)，右击弹出菜单，Insert →Jiont Load，在下方详细栏 Joint 中通过下拉菜单选择 Revolute-Ground To GEARCYLINDER1，如图 11-15 所示，即选择大齿轮的旋转副，

对其进行载荷定义;此时 Details of “Jiont Load”变化如图 11-16a)所示,单击 Type 栏的下拉菜单,选择 Moment,在 Magnitude 中输入 300N · m,如图 11-17 所示。

图 11-13 大齿轮旋转副设置

Details of "Analysis Settings"

Step Controls	
Number Of Steps	1.
Current Step Number	1.
Step End Time	0.3 s
Auto Time Stepping	On
Define By	Time
Initial Time Step	2.5e-003 s
Minimum Time Step	2.5e-003 s
Maximum Time Step	1.e-002 s
Time Integration	On
Solver Controls	
Solver Type	Program Controlled
Weak Springs	Program Controlled
Large Deflection	On
Restart Controls	
Nonlinear Controls	
Output Controls	
Damping Controls	
Analysis Data Management	
Visibility	

图 11-14 齿轮瞬态分析分析步设置

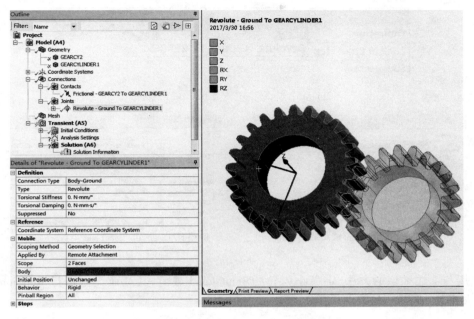

Details of "Joint Load"	
⊟ Scope	
Joint	
⊟ Definition	Revolute - Ground To GEARCYLINDER1
Lock at Load Step	Revolute - Ground To GEARCY2
Suppressed	No

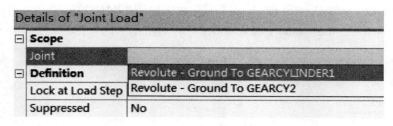

图 11-15　选择大齿轮定义 Jiont Load 载荷

Details of "Joint Load"	
⊟ Scope	
Joint	Revolute - Ground To GEARCYLINDER1
⊟ Definition	
DOF	Rotation Z
Type	
Magnitude	
Lock at Load Step	Never
Suppressed	No

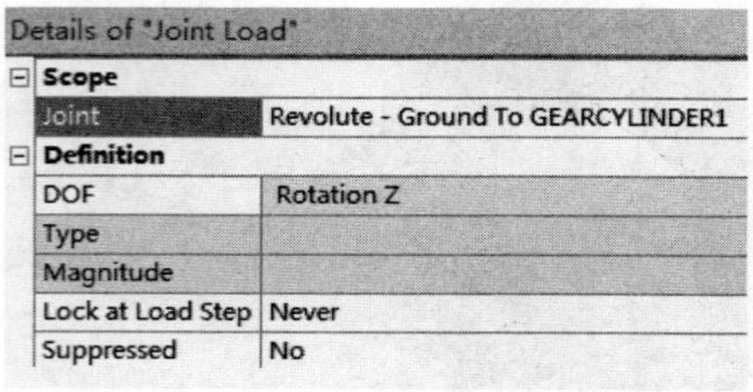

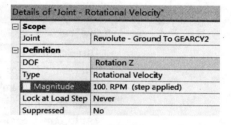

a)选择大齿轮后Jiont Load详细栏情况

Details of "Joint Load"	
⊟ Scope	
Joint	Revolute - Ground To GEARCYLINDER1
⊟ Definition	
DOF	Rotation Z
Type	
Magnitude	Rotation
Lock at Load Step	Rotational Velocity
Suppressed	Rotational Acceleration
	Moment

b)大齿轮Details of"Jiont Load"中Type定义

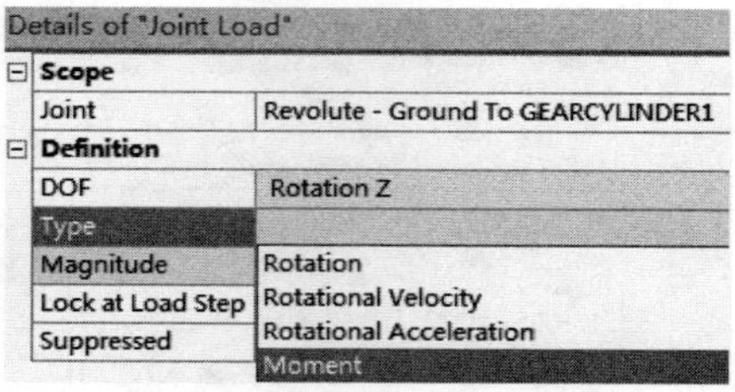

图 11-16

采用与上述类似的方法，定义小齿轮的 Jiont Load 载荷，其载荷类型选择 Rotational Velocity，大小为 100 RPM，如图 11-18 所示。

Details of "Joint - Moment"	
⊟ Scope	
Joint	Revolute - Ground To GEARCYLINDER1
⊟ Definition	
DOF	Rotation Z
Type	Moment
Magnitude	300. N·m (step applied)
Lock at Load Step	Never
Suppressed	No

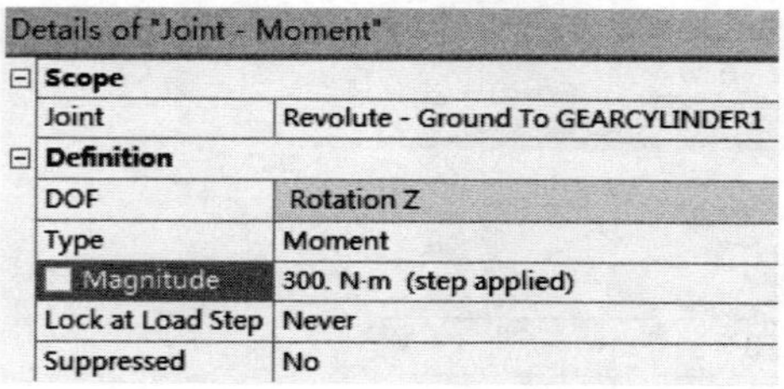

图 11-17　大齿轮 Jiont Load 定义

Details of "Joint - Rotational Velocity"	
⊟ Scope	
Joint	Revolute - Ground To GEARCY2
⊟ Definition	
DOF	Rotation Z
Type	Rotational Velocity
Magnitude	100. RPM (step applied)
Lock at Load Step	Never
Suppressed	No

图 11-18　小齿轮 Jiont Load 定义

单击 Solution(A6)，右击弹出快捷菜单，选择 Insert →Stress →Equivalent(von-Mises)，右击，选择 Solve，求解结果如图 11-19 所示。(由于齿轮中定义了运动副，在分析过程中会进行大量的计算，故对计算机配置要求较高。建议系统最低配置 64 位操作系统 +8G 内存)

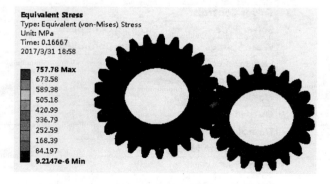

图 11-19　齿轮瞬态分析 Equivalent(von-Mises)情况

由于网格采用自动划分进行，所以图 11-19 的求解结果并不精确。若网格密度加大，运算时间增加很长。

单击图形区域下方的 Geometry，在 Graph 动画处理区域将帧选择为 40 Frames，时间选择为 10 Sec；单击 Animation▶，进行动画模拟，其设置如图 11-20 所示，齿轮瞬态分析的动画可以从光盘实例第十一章中的 Gear_transient.AVI 打开进行观看。

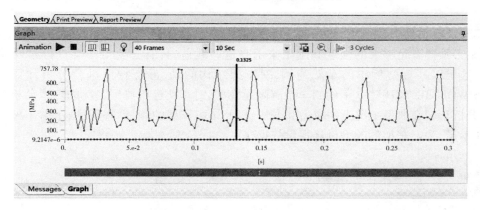

图 11-20　Graph 动画处理区设置

第十二章　车架有限元分析

车架是汽车的重要组成部分，在工作的过程中总会受到来自各个方面的载荷作用，所以，车架必须要有足够大的强度和刚度来承受这些载荷，且有必要对车架进行必要的 CAE 分析。这里以某轻型货车的车架为例，对车架结构的动、静态特性进行分析计算。通过 ANSYS WORKBENCH 建立正确的车架有限元模型，对车架进行典型工况的静态分析和模态分析，分析车架在典型工况下的应力和变形，以此了解车架的静、动态特性，了解车架的优越性能和不足，为新车架的改型设计提供依据。

第一节　车架模型

一、几何模型和网格划分

该货车的车架为边梁式结构，它由两根位于两边的纵梁和若干根横梁组成，用铆接或焊接方式将纵梁和横梁连接成坚固的刚性结构。该车架长 4.8m，宽约 0.75m，包括双纵梁、横梁、驾驶室支座、发动机支座、减振器支座、板簧支座等部分。考虑到车架几何模型的复杂性，可在三维 CAD 软件 PROE 里建立车架的三维模型，通过软件 WORKBENCH 的几何模块导入，建好的几何模型如图 12-1b) 所示。

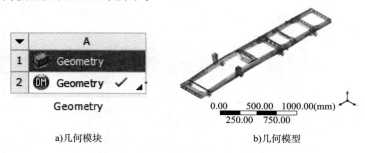

a) 几何模块　　　　　　　　　b) 几何模型

图 12-1　几何模型的建立

二、有限元模型

由于车架是由一系列薄壁件组成的结构，有限元模型采用壳单元离散能详细分析车架应力集中问题，可以反映车架的纵、横梁连接情况，是目前常采用的一种模型。为了得到车架结构的真实应力分布，必须考虑悬架系统的变形情况。

整个车架的有限元模型由车架有限元模型和悬架系统等效有限元模型组成，其中纵横梁、加强板、支座等为薄壁结构。钢板弹簧是整个车架的支承部件，对于车架的应力分布和固有振动特性均有决定性的影响。钢板弹簧可用一段圆弧状的钢板模拟实际的钢板弹簧，如图 12-2 所示，弹簧在线性范围内可以获得比较好的近似。由于车架后簧为主副簧结构，主副簧结构实际上是以一个具有刚度不连续的非线性弹簧系统，在进行超载工况下的车架静力学分析时，可以认为副簧始终与车架保持连接。副簧与车架之间具有一定间隙，可以利用约束方程(12-1)来模拟副簧结构的工作特性。

$$u_{1y} - u_{2y} = \text{const} \tag{12-1}$$

副簧与车架之间距离为 40mm，可以通过建立 Remote Point 的方式建立约束方程。副簧支座的底端建立 Remote Point1，副簧的两端两边建立 Remote Point2，两者的 y 方向位移之间建立图 12-3 所示的 Constraint Equation。

前簧的刚度为 138N/mm，后主簧刚度为 134N/mm，后副簧刚度为 251N/mm，利用优化方法反复调整等效圆弧状钢板的厚度，使其线性厚度收敛于相应钢板弹簧总成刚度的设计值。最终得到的结果是，前簧的等效厚度为 21mm，后主簧的等效厚度为 16mm，后副簧的等效厚度为 19mm。

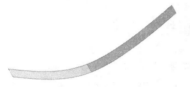

图 12-2　钢板弹簧的等效模型

Worksheet

Constraint Equation

40 = 1 (1/mm) * Remote Point(Y Displacement) + -1 (1/mm) * Remote Point 2(Y Displacement)

Coefficient	Units	Remote Point	DOF Selection
1	1/mm	Remote Point	Y Displacement
-1	1/mm	Remote Point 2	Y Displacement

图 12-3　副簧的约束方程

三、车架网格划分

由于车架主要是薄壁结构，设单元大小为 10mm，考虑弹簧的车架有限元模型如图 12-4 所示。单元总数为 55972，材料为某高强度材料，屈服极限为 500MPa，杨氏模量为 200GPa，泊松比 0.3。网格的划分以四边形为主，网格的质量可以通过 Qunlity 查看如图 12-5 所示；车架有限元模型网格划分结果如图 12-6 所示。

Method	Quadrilateral Dominant
Element Midside Nodes	Use Global Setting
Free Face Mesh Type	Quad/Tri

图 12-4　网格设定

Details of "Mesh"

Display	
Display Style	Body Color
Defaults	
Physics Preference	Mechanical
Relevance	0
Element Midside Nodes	Program Controlled
Sizing	
Size Function	Adaptive
Relevance Center	Fine
Element Size	10.0 mm
Initial Size Seed	Active Assembly
Transition	Fast
Span Angle Center	Coarse
Automatic Mesh Based Defeaturing	On
Defeature Size	Default
Minimum Edge Length	8.8786e-005 mm
Quality	
Check Mesh Quality	Yes, Errors
Error Limits	Standard Mechanical
Target Quality	Default (0.050000)
Smoothing	Medium
Mesh Metric	None

图 12-5　网格质量

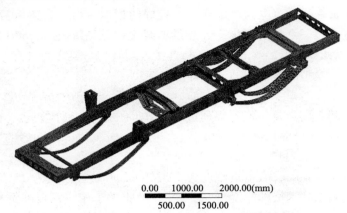

图 12-6 车架有限元模型

第二节 载荷和边界条件

车架通过悬架系统和车轮支承在地面上,有限元模型将悬架系统与车架组合成整体模型,边界条件可简化为前、后悬单元接地处的自由度,让车架形成一简支梁结构。根据车辆的有关标准和车辆实际运行时受力情况,车架的有限元分析考虑弯曲、扭转和转弯三种静态分析,以及车架的模态分析。车架所受主要载荷见表12-1。

车架所受主要载荷　　　　　　　　表 12-1

名　称	质　量（kg）	名　称	质　量（kg）
驾驶室	470	备胎	37
发动机	167	油箱	78
变速器	56	蓄电池	32
减振器	280	载质量	4000
蓄电池	17		

载荷的简化与施加是否和实际相符直接关系到计算结果的真实性,在进行弯曲和弯曲扭转工况计算时,车架所受载荷一致,主要包括驾驶室的重力、发动机的重力、车架自重等。

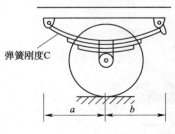

图 12-7 车架支撑系统

车身质量按均布载荷处理,平均分配到车架纵梁上;发动机按集中载荷处理,作用在其支撑位置;变速器、蓄电池、油箱等以静力等效的原则加在其相应的位置,不同工况时还需乘动载系数;车架自重通过定义重力加速度施加。该车载质量为4000kg,按均布载荷作用在车架后端。

车身与车架是通过悬架系统、车桥和车轮支撑在地面上,如图12-7所示。为了准确地模拟实际使用工况,将悬架元件与车身及车架组合起来分析。因此,正确模拟悬架结构是获得车架准确静力特性的关键。钢板弹簧具有缓冲与导向作用,钢板弹簧与车架的连接不是固连,而是在一定自由度上可以发生相对运动。边界条件的处理必须既可以有效地约束车架的刚体自由度,又尽可能地模拟车架的实际工作状态。正常情况下,对前板簧底部约束左右和铅垂两个方向的平动自由度,在后板簧底部约束左右、前后和铅垂三个方向的平动自由度,弹簧的边界条件如图12-8所示。

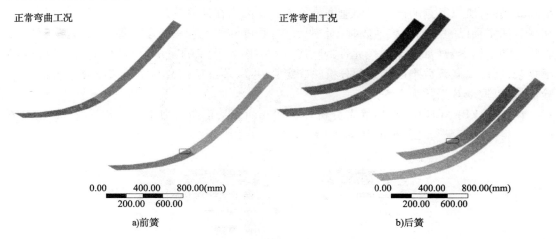

图12-8　车架有限元模型边界条件的处理

第三节　有限元分析

一、静力分析基础

通过车架结构强度和刚度的有限元静力分析,得到车架在各种工况下各个部件变形和应力的分布情况及最大值。以此为依据,改变结构的形状尺寸或者改变材料的特性,以调整质量和刚度的分布,能够使车架各部位的变形和受力情况尽可能的均衡。同时还可以在保证结构满足使用强度和刚度的前提下,最大限度地降低材料用量,既能减轻车架的自重,也可以节省材料,降低油耗,提高整车性能。

通过车架的强度要求和材料的特性,选择最大拉应力、最大剪应力或者综合应力作为强度校核的基准,材料的失效是以材料发生塑性变形为标志的,所以,车架的静态强度校核可以根据第四强度理论,用Vonmiss等效应力来校核车架结构的强度。

Vonmiss等效应力可以表示为:

$$\sigma_r = \sqrt{\frac{1}{2}[(\sigma_1-\sigma_2)^2+(\sigma_2-\sigma_3)^2+(\sigma_3-\sigma_1)^2]} \tag{12-2}$$

式中：σ_r——等效应力；

σ_1、σ_2、σ_3——分别为主应力。

车架的强度条件为：

$$\sigma_r \leq [\sigma_b] \tag{12-3}$$

式中：σ_b——屈服应力。

二、弯曲工况

满载弯曲工况是模拟汽车在满载状态下，车轮全部着地在良好的路面上匀速行驶时，车架在所承受质量下的响应。汽车行驶过程中，由于承载系统在六个自由度方向运动，而且系统并非刚体，所以各点的位移和加速度是不同的。因而在计算施加载荷时，车架承受的质量和载荷都要乘以一定的动载系数时，对车架进行强度和刚度校核。动载系数与道路条件、行驶状况和结构参数（如悬架弹性元件的刚度、轮胎刚度、汽车的质量分布等）有关，这些因素很复杂，所以动载系数难以用数学分析法确定，常取一些理论研究与实验修正相结合的半经验值，这里取动载系数为2.5。

在 WORKBENCH 中，添加静态分析 Static Structural，重命名为正常弯曲工况，如图 12-6 所示。将弯曲工况与几何模型共享，如图 12-9 所示。

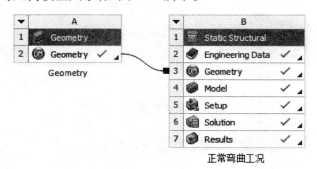

图 12-9 车架的弯曲工况

在弯曲工况中，车架静止平放、满载，故可以将前、后悬弹簧的底部节点约束相应自由度，如图 12-8 所示。当货车在恶劣路面超载行驶，车架的载荷按最大承载质量计算，该工况主要用于校核车架的正常承载能力。正常弯曲工况下，车架的变形如图 12-10 所示，可以看出，车架的整体变形不大，车架变形较大部位集中在尾梁和车架纵梁的第一和第二横梁中间位置，因此车架的刚度足够。

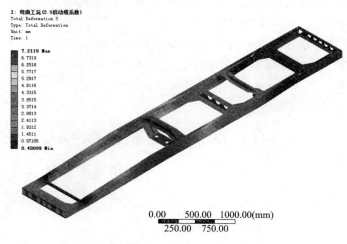

图 12-10 弯曲工况下车架变形图（mm）

从图 12-11 给出了车架在弯曲工况下的等效应力云图,整体看,车架的应力不大,高应力区集中在纵梁的靠背梁和车架的后半部分与货厢相接触的部分,最大应力不超过 406.79 MPa,远小于该车架材料的屈服极限 500 MPa,故车架弯曲工况下车架的强度足够。将每个横梁建立组建,如图 12-12、图 12-13 所示组建,图 12-14~图 12-19 给出了各横梁的等效应力图。

图 12-11　弯曲工况下车架等效应力图(MPa)

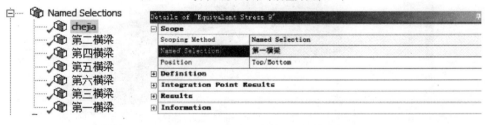

图 12-12　建立组建　　　　　　　　　图 12-13　根据组建选择显示

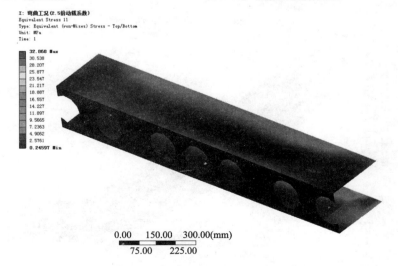

图 12-14　弯曲工况下前横梁等效应力图

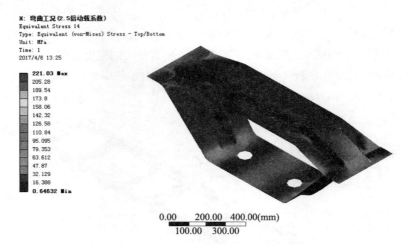

图 12-15　弯曲工况下第二横梁等效应力图

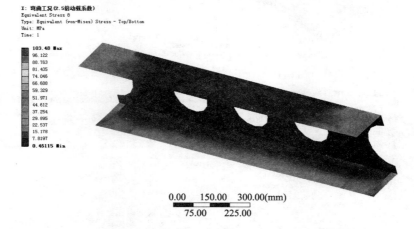

图 12-16　弯曲工况下第三梁等效应力图

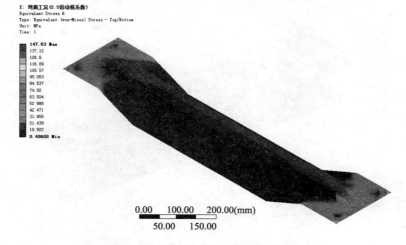

图 12-17　弯曲工况下第四横梁等效应力图

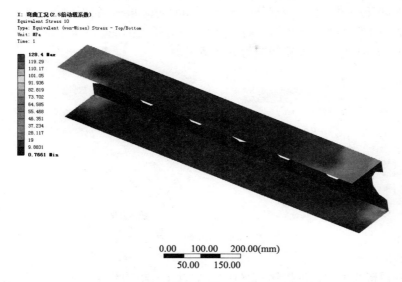

图 12-18　弯曲工况下第五梁等效应力图

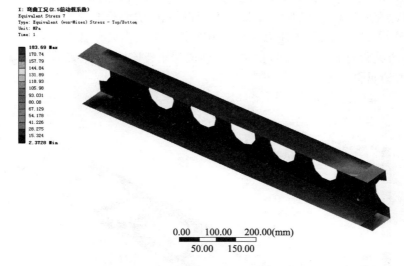

图 12-19　弯曲工况下后横梁等效应力图

从各横梁的等效应力分布情况看,尽管各横梁的等效应力不大,但各横梁与车架纵梁相接处的部位应力较大,这与载荷在相互连接处传递载荷有关。相对而言,前横梁和后横梁受应力较小,而中间的几个横梁,尤其是第四横梁,靠近后簧支座部位的应力相对较大,但仍远低于车架的强度极限。

三、扭转工况

扭转工况下车也是满载的,只是假设行驶路面崎岖不平,使三个车轮处于同一平面,而另一个车轮路过有坑的地面而被悬空,或者经过一不平路面被抬高。扭转工况按最大承载质量计算,主要用于校核在过扭曲路面时的承载能力。

在 WORKBENCH 中,添加静态分析 Static Structural,重命名为扭转工况,将扭转工况与几何模型共享,如图 12-20 所示,单元的划分类似,对弹簧的底部施加扭转边界条件,求解计算得到车架在扭转工况下的位移和应力分布情况。

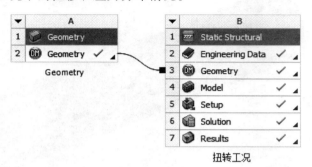

图 12-20 车架的扭转工况

1. 前轮悬空

将右前方弹簧的边界条件接触,载荷的施加以及其他边界条件与弯曲工况一致。图 12-21 给出了前轮悬空扭转工况下车架的变形云图,从图中可以看出,车架在悬空一侧的变形大,而其他部位变形相对较小,所以车架的变形以扭转为主,还包括弯曲变形作用。车架的等效应力如图 12-22 所示,最大应力 395.97MPa 位于第一横梁与纵梁相接触处,与弯曲工况不同,车架的两纵梁应力分布不均匀,尤其在横梁与车架连接处,车架的等效应力相对较大,但没超过材力的屈服应力。

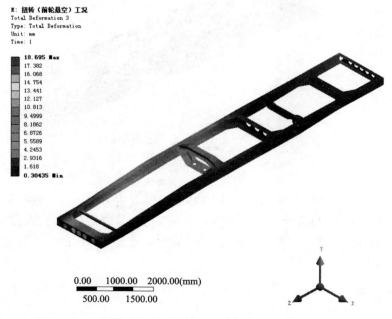

图 12-21 前轮悬空工况下车架变形图

图 12-23 ~ 图 12-28 给出了前轮悬空工况下车架各横梁的等效应力图。与弯曲工况不同的时,受扭转作用,车架横梁上面的应力较下部偏大,以图 12-24 所示的第二横梁为例,车

架应力最大值位于上下片扣紧区域,其他部位应力分布比较均匀。从横梁应力分布看,最大应力大都集中在横梁和左纵梁连接处区域,且都是应力集中区域。从整体应力分布看,车架的刚度和强度能够满足要求,可以保证汽车在崎岖不平的路面上正常行驶。

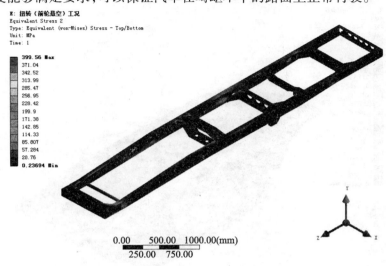

图 12-22　前轮悬空工况下车架等效应力图

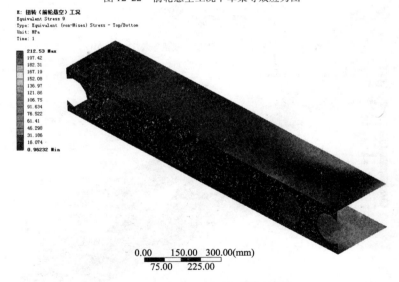

图 12-23　前轮悬空工况下前横梁等效应力图(MPa)

2. 前轮抬高

在扭转工况中,另一种情况就是将其中一个前轮抬高。这里按最大的承载质量计算,该工况主要用于校核在过扭曲路面时的承载能力。将抬高车轮处的弹簧单元底端约束除垂向轴向移动之外的所有自由度,给该处一个沿垂向向上的 20 mm 的强迫位移,未抬高车轮处弹簧的约束如同弯曲工况。由于左右簧之间的距离为 800mm,左右车轮中心之间的距离为 1400mm,假定后桥为刚性体(此时作用在车架上的载荷达到极大),则左右簧之间在垂直方向的相对位移为:

$$\delta = \frac{800 \times 20}{1425} = 11.22 \text{(mm)} \tag{12-4}$$

因此,扭转工况以右前方弹簧抬高 11.22mm 为例进行计算。

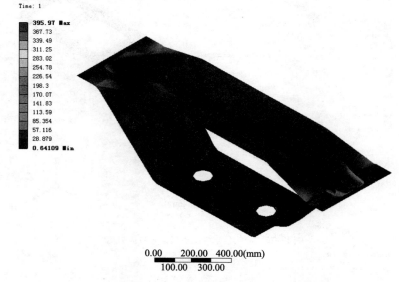

图 12-24　前轮悬空工况下第二横梁等效应力图(MPa)

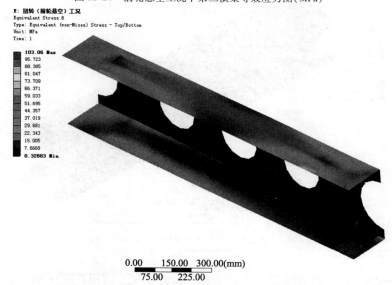

图 12-25　前轮悬空工况下第三梁等效应力图(MPa)

图 12-29 给出了车架在右前方车轮抬高 20mm 情况下的变形图,图 12-30 所示为前轮抬高工况下车架等效应力图。与前轮悬空相比,车轮抬高时车架的危险程度更大,车轮抬高越多,车架应力越大。应力最大位置位于第一横梁与右纵梁连接处,最大应力为 385.16MPa。从图 12-31~图 12-36 所示的横梁应力云图看,应力分布与车轮悬空工况类似。

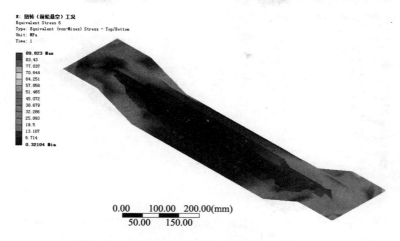

图 12-26　前轮悬空工况下第四横梁等效应力图(MPa)

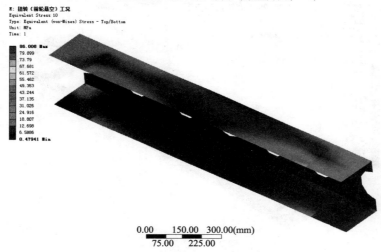

图 12-27　前轮悬空工况下第五梁等效应力图(MPa)

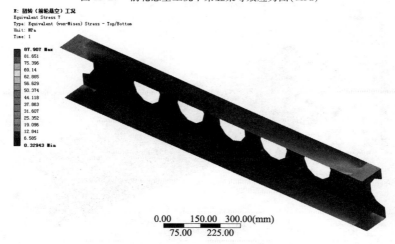

图 12-28　前轮悬空工况下后横梁等效应力图(MPa)

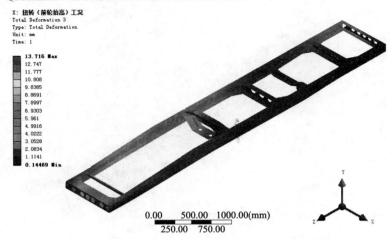

图 12-29　前轮抬高工况下车架变形图(mm)

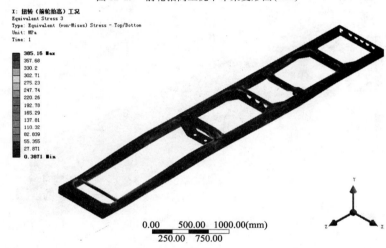

图 12-30　前轮抬高工况下车架等效应力图(MPa)

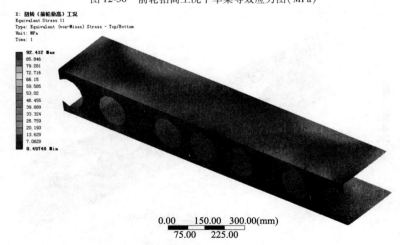

图 12-31　前轮抬高工况下前横梁等效应力图(MPa)

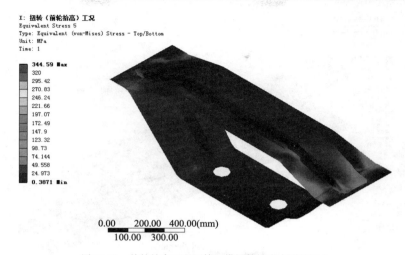

图 12-32　前轮抬高工况下第二横梁等效应力图（MPa）

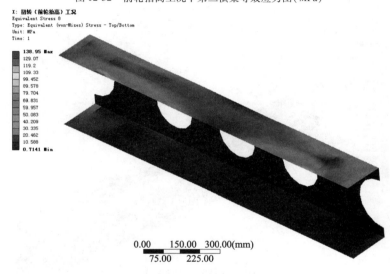

图 12-33　前轮抬高工况下第三梁等效应力图（MPa）

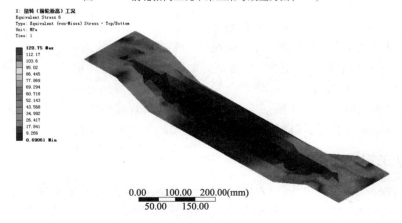

图 12-34　前轮抬高工况下第四横梁等效应力图（MPa）

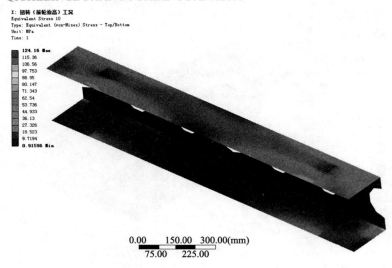

图 12-35　前轮抬高工况下第五梁等效应力图（MPa）

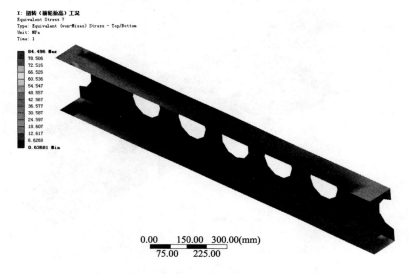

图 12-36　前轮抬高工况下后横梁等效应力图（MPa）

由图 12-31～图 12-36 可以看出，车架在前轮悬空或前轮抬高的弯曲扭转工况时，抬高工况较悬空工况下车架的变形更大，说明抬高工况时车架的扭转更严重。车架的高应力区集中在车架纵梁与第一横梁结合部位以及发动机支架处。焊接部位的高应力区也在第一横梁上，最大应力最大值不超过屈服强度极限，说明在这种焊接结构下，焊接性能优良，焊缝结构值得借鉴，横梁设计合理，可以用于改进其他车型的车架横梁结构。

四、制动工况

汽车在行驶的过程中，由于行驶工况的变化，车辆经常会经历加速或减速的情况，所以有必要分析车架或车身结构在制动载荷条件下的强度指标。加速或减速会产生惯性力，由于惯性力的作用，车架将受到与行驶方向相反的纵向载荷，纵向载荷的大小，取决于制动减速度和汽车的载质量,惯性力的大小,取决于制动减速度。

在 WORKBENCH 中,添加静态分析 Static Structural,重命名为制动工况,将制动工况与几何模型共享,如图 12-37 所示,单元的划分类似,对弹簧的底部施加扭转边界条件,求解计算得到车架在扭转工况下的位移和应力分布情况。

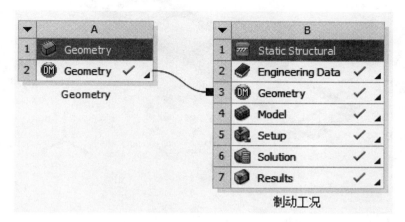

图 12-37 制动工况

由于制动减速度与地面附着系数成正比,因此取最大附着系数 0.7,即在 Y 方向施加 −0.7g 的惯性力。汽车在制动工况下,车速是一个逐渐减小的过程,故在计算时,取动载系数为 1.5,该工况主要用于校核在紧急制动时由于货厢重心前移造成车架中前部的附加应力问题。从图 12-38 给出的变形云图看,车架的整体变形较弯曲工况不大,但是从图 12-39 ~ 图 12-45 应力分布看,车架上表面的应力较弯曲工况偏大,最大应力位于后板簧支座处,最大应力为 162.86MPa,远小于材料的屈服应力。

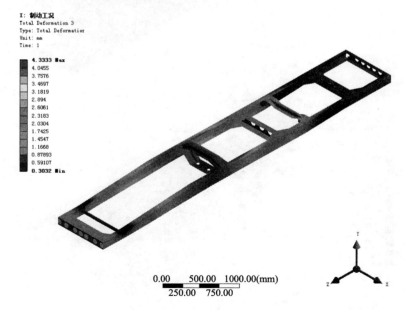

图 12-38 制动工况下车架变形图(mm)

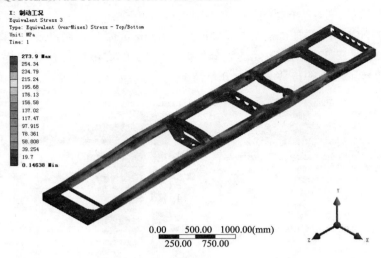

图 12-39　制动工况下车架等效应力图(MPa)

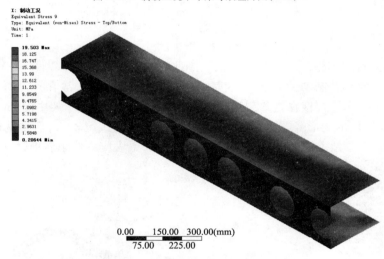

图 12-40　制动工况下前横梁等效应力图(MPa)

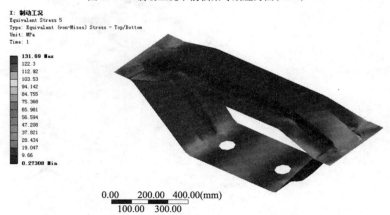

图 12-41　制动工况下第二横梁等效应力图(MPa)

第十二章 车架有限元分析

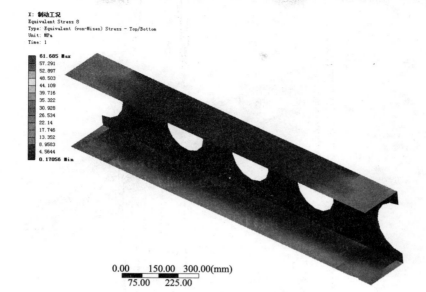

图 12-42　制动工况下第三梁等效应力图(MPa)

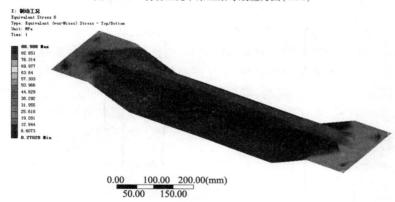

图 12-43　制动工况下第四横梁等效应力图(MPa)

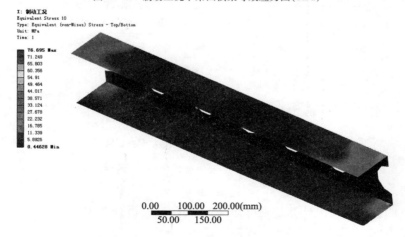

图 12-44　制动工况下第五梁等效应力图(MPa)

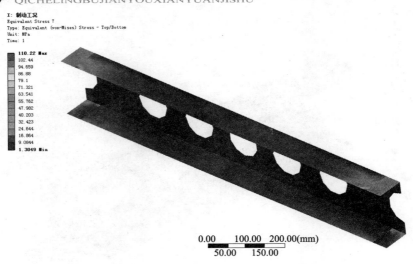

图 12-45 制动工况下后横梁等效应力图(MPa)

五、转弯工况

汽车满载转弯工况下,车架将受到侧向离心力的作用,从而产生侧向载荷。由于离心加速度的大小由转弯半径和汽车的行驶车速决定的,而且在转弯的时候必然会有减速的过程,所以还有减速加速度。作为近似计算,本文在横向施加了一个侧向加速度 $0.5g$ 和纵向施加减速度 $0.5g$ 以模拟转弯工况。此时,取动载系数为 1.5。载荷的施加方式与弯曲工况相同。

在 WORKBENCH 中,添加静态分析 Static Structural,重命名为转弯工况,将转弯工况与几何模型共享,如图 12-46 所示,计算得到车架在转弯工况下的位移和应力分布情况,如图 12-47 ~ 图 12-54 所示。

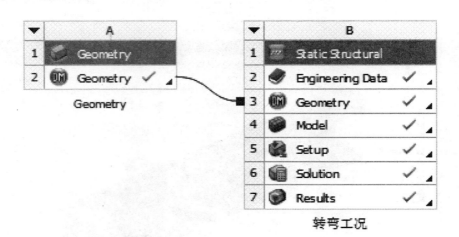

图 12-46 转弯工况

综合以上四种典型工况计算结果可知,该车架的结构设计合理,车架最大应力在车架材料屈服极限以内,故车架的性能稳定,焊接性能优良。

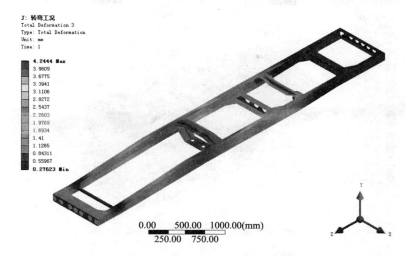

图 12-47 转弯工况下车架变形图(mm)

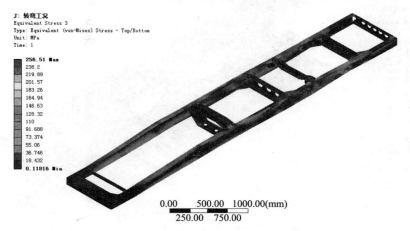

图 12-48 转弯工况下车架等效应力图(MPa)

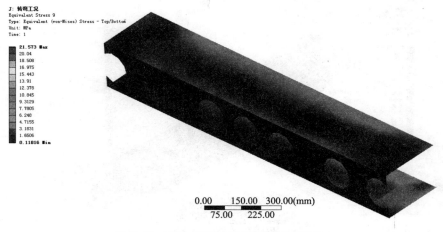

图 12-49 转弯工况下前横梁等效应力图(MPa)

图 12-50　转弯工况下第二横梁等效应力图（MPa）

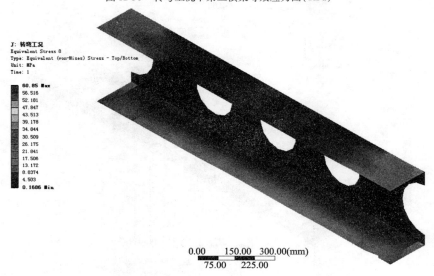

图 12-51　转弯工况下第三梁等效应力图（MPa）

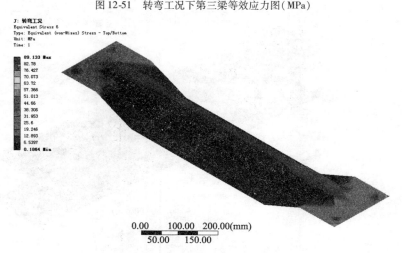

图 12-52　转弯工况下第四横梁等效应力图（MPa）

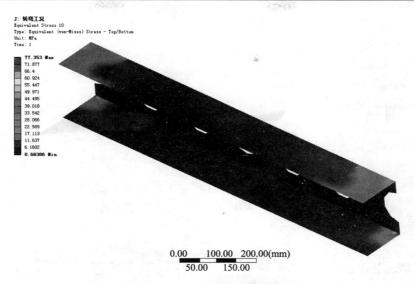

图 12-53　转弯工况下第五梁等效应力图(MPa)

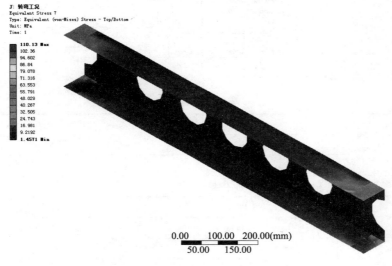

图 12-54　转弯工况下后横梁等效应力图(MPa)

第四节　模态分析

　　车架可看成一个多自由度弹性振动系统。作用于这个系统的各种激振力就是使车架产生复杂振动的动力源。车架的动力源可以分为两类：一是汽车行驶时路面不平度对车轮作用的随机激振；二是发动机运转时，工作行程燃烧爆发压力和活塞往复惯性力引起的简谐激振。当激励力的激振频率和车架的某一固有频率相吻合时，就会产生共振，导致车架某些部位产生数值很大的共振载荷，造成车架的破坏。因此，车架的模态分析对于研究车架的动态响应非常重要，它是研究结构动态性能的基础。

　　车架的振动方程为：

$$M\ddot{x} + c\dot{x} + Kx = F(t) \tag{12-5}$$

式中：M——质量矩阵；

x——广义坐标的列阵；

K——刚度矩阵；

c——阻尼矩阵；

$\dot{x}$——速度列阵；

$\ddot{x}$——加速度列阵；

$F(t)$——受迫力。

添加模态分析类型，如图 12-55 所示，计算该车架的自由振型，即取消所有约束条件、承载情况和前后悬弹簧的作用。在 WORKBENCH 中用默认方法提取自由振动时的前 10 阶固有频率，如图 12-56 所示，各阶频率见表 12-2。

图 12-55　模态分析　　　　　　图 12-56　提取模态

车架的固有频率　　　　　　　　　　　　　表 12-2

阶　次	车架的固有频率(Hz)	
1	0	X 轴平动
2	1.2428e-004	Y 轴平动
3	1.2428e-004	Z 轴平动
4	3.0802	Y 轴扭转
5	3.3433	X 轴扭转
6	10.234	Z 轴扭转
7	14.339	Z 轴扭转为主
8	31.823	XZ 面内弯曲为主
9	34.722	YZ 面内二阶弯曲为主
10	49.769	Z 轴扭转 + YZ 面内弯曲
11	57.39	驾驶室支座局部振动为主
12	61.214	驾驶室支座局部振动为主
13	67.469	XZ 面内弯曲 + 局部振动为主
14	69.257	XY 面内弯曲 + 局部振动为主
15	86.142	YZ 面内三阶弯曲为主

图 12-57 ~ 图 12-64 给出了车架在一定固有频率下的振型图。从模态分析可知，车架固有振型分为两类：一类是车架的整体振动，另一类是车架的局部振动。第 1 ~ 6 阶属于车架

的整体振动,其中第 1~3 阶为沿坐标轴方向的平动;第 4~6 阶为绕坐标轴的旋转。可以看出,前 10 阶固有频率在 50Hz 范围内,且以整体振动为主的模态振型较多。对于高级频率情况,则是车架的一个或几个部分局部振动为主的振动。在第 9 和第 15 阶固有频率情况下,车架可能是某个平面内的高阶弯曲。模态分析结果表明,车架的刚度好,分析结果为车架避免共振和优化提供了有力的基础。

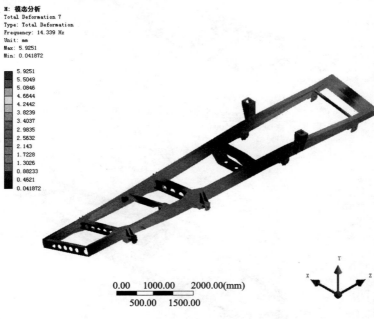

图 12-57 第 7 阶振型

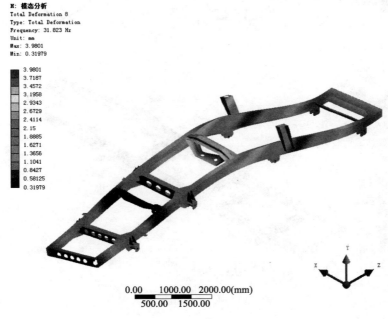

图 12-58 第 8 阶振型

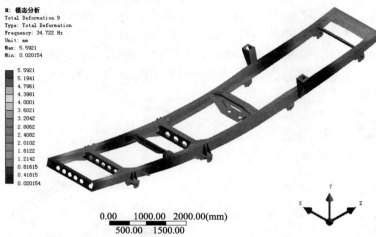

图 12-59　第 9 阶振型

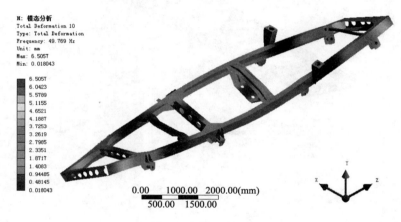

图 12-60　第 10 阶振型

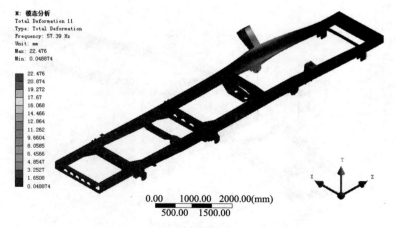

图 12-61　第 11 阶振型

图 12-62　第 13 阶振型

图 12-63　第 14 阶振型

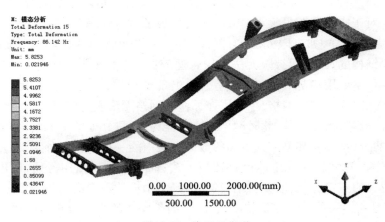

图 12-64　第 15 阶振型

附录一　如何学习 ANSYS WORKBENCH

（摘选于宋博士的博客）

首先需要对于 ANSYS WORKBENCH 有一个总体了解。知道一个软件可以做什么事情，然后弄清楚我们自己到底想要做什么，然后再去寻找学习的道路，这就是所谓知己知彼。

那么 ANSYS WORKBENCH 可以做什么呢？

有些人说，它是一个有限元软件平台。这总体上正确，但并不完全正确。实际上，ANSYS WORKBENCH 包含了一系列软件，虽然绝大部分软件使用有限元方法进行编制的，但是也有部分软件使用了有限体积法，也有软件使用了无网格方法。所以，一概的说明它是有限元软件是不大正确的。

万事万物，其间自有规律存在，所有的学科都致力于寻求该学科研究范围内部的各种规律。那么什么是规律？无非是事物内部的各种关系而已。这些关系，在数学上，就表现为数量之间的关系。而数量之间的关系，可能是平级的，那么就是代数方程。如果是有原因和结果关系的，那么就表现为微分方程或者积分方程。在同一个事物内部存在的关系未必只有一种，可能有多种，那么就会有多个方程出现，这就构成了方程组。比如说，对于固体力学而言，就有 3 个静力平衡方程，6 个几何方程，6 个物理方程。这些方程有代数方程，也有微分方程。这就构成了一个微分-代数方程组。不仅是固体力学，流体力学也是如此，传热学是如此，而电磁场也是如此。

这样，我们面对的是代数-微分方程组的求解问题。

如何求解这些方程组？在数学上，这很困难，尤其是当边界并不那么规则时。

解析法只能求解非常特定的问题，但是实际问题总是奇奇怪怪的，所以我们需要寻找另外的方法。于是有所谓的半解析法，无非是用幂函数或者三角函数的组合来确定问题的解析解，这种方法对于实际问题也很难奏效。于是出现了数值解法。

数值解法多种多样，如有限元法，有限体积法，边界元法，有限差分法，无网格方法等。一般而言，对于结构的计算，用有限元法比较合适；对于流体仿真，用有限体积法；而对于无限域声场的分析，主要用边界元法；有限差分法出现得很早，但是很少看到软件去使用它。至于无网格方法，因为不需要网格，主要用在那些用网格无法表达的场合，例如爆炸，碎片魂飞魄散，一旦分开后就杳无音信，此时网格方法无能为力，只好求助于无网格方法。

各种各样的分析软件，都是用到上面的数值方法中的一种或者多种，然后用 FORTRAN，C，C++ 编制程序，这些程序的主体就是数值解法；而为了用户使用方便，整出一堆花花绿绿，让人爽心悦目的窗口界面，以吸引用户的眼球，为用户的数据输入和输出提供方便。

ANSYS 就是这样一种数值分析软件，它面对的是固体的力学分析，流体的力学分析，温度场的分析，以及电磁场的分析。它主要使用了有限元法，同时也部分使用了有限体积法和无网格方法。针对不同的分析，给出了诸多分析系统。下面以 ANSYS 15 简要说明之。

附录一 如何学习 ANSYS WORKBENCH

ANSYS 15 的功能主要体现在 WORKBENCH 的工具箱中。附图 1-1 是它的工具箱。

附图 1-1　工具箱

这四个项目，第一项是分析系统，最常用；第二项是组件系统，就是构成分析系统的各个组成元素，我们可以搭积木一样，任意拼接，从而组成自己所需要的分析系统；第三项实际上是耦合分析，这就是 ANSYS 鼓吹的自己多物理场耦合的特色。这里面给出了几种常见的多物理场耦合的方式。第四项则是设计探索，其实就是优化设计和可靠性设计那一套。此时需要对某一种分析反复迭代，从而得到最优解。

先看第一项，分析系统。展开它（附图 1-2）。

附图 1-2　分析系统

这里面的分析系统，看上去很多，令人眼花缭乱。实际上就是四类：固体分析；流体分析;热分析;电磁场分析。

对于固体分析,有静力学分析和动力学分析。

静力学分析中,有两支。第一支就是纯粹的静力学分析,Static Structural,以及 Static Structural(Samcef),分别用不同的求解器计算静力学问题。这实际上是我们绝大多数 CAE 工程师工作的地方。很多人一辈子只做静力学分析,而对于别的分析不管不顾,这主要是工作的需要。经常有人问我,在静力学分析方面,相比 PATRAN、ABAQUS 而言,ANSYS 有什么优点? 由于静力学分析包含线性分析和非线性分析,而非线性分析又包含材料非线性、边界非线性、几何非线性三支。实际上,对于线性问题而言,三者都差不多。对于非线性分析而言,ABAQUS 是不错的选择。除了静力学分析,然后就是 Linear Buckling 所谓的线性屈曲问题,其实就是我们在材料力学中的压杆稳定。确定临界载荷,并画出屈曲模态。这都属于静力学范畴。

动力学分析则范围广阔。包含 Modal 模态分析、Modal(Samcef)模态分析、Harmonic Response 谐响应分析、Random Vibration 随机振动分析、Response Spectrum 响应谱分析。这些分析之中,模态分析至关重要、因为所谓的谐响应分析、随机振动分析、响应谱分析都以之为基础。

还有瞬态动力学分析,就是当激励很快地改变时,要求结构的响应问题。这种问题出现得如此频繁,对它的研究就相当重要。有所谓的隐式解法和显式解法来对付它。隐式解法是,求解当前的时间步还需要用到后面时间步的信息;而显式解法是,只根据前面的时间步就可以得到当前的解答了。在 ANSYS 中,Transient Structural 用的是隐式解法,而 Explicit Dynamics 用的是显式解法。一般而言,显式解法面对的都是时间很短暂的问题,例如冲击、碰撞、波的传播等。隐式解法所面对的时间则要较长一些。

除此以外,ANSYS 还提供了对多刚体动力学的支持。这在最初的版本里面是没有的,而且有些出乎我们一般人的意料。ANSYS 在很多人眼中,是面对变形体的;而对于多刚体动力学,ADAMS、DADS、SIMPACK 就做得很出色。但是 ANSYS 也加入了一个多刚体动力学模块,就是 Rigid Dynamics。其功能相比 ADAMS 而言,还是有差距。毕竟别人是专门做多刚体动力学仿真的软件。不过,ANSYS 加入这一模块的目的,应该主要是为了做刚柔耦合仿真,只在 ANSYS 内部做,而不要联合一堆软件。所以,虽然 Rigid Dynamics 比 ADAMS 而言,还是有不少差距,但是对于在一个软件内部做刚柔耦合仿真,ANSYS 这种举措还是有吸引力的。10 年前做刚柔耦合仿真,需要在 ANSYS 中生成模态中性文件,然后导入到 ADAMS 中,一旦到 ADAMS 中后,对于连接点,施加载荷的方式有诸多限制,让人深感不爽。而现在,只是借助于 ANSYS 做刚柔耦合仿真,则要舒服很多。

下面看流体分析。主要有 4 个分析系统。一个是 Fluid Flow(CFX),一个是 Fluid Flow(Fluent),一个是 Fluid Flow(Polyflow),一个是 Fluid Flow-blowmodling(Polyflow)。其中,前两个软件本是世界上数一数二的计算流体动力学分析软件,CFX 和 FLUENT,二者在流体分析领域赫赫有名,被 ANSYS 所收购。而后两者主要针对材料成型的仿真,例如吹塑、注塑成型等。主要用于黏弹性材料的流动仿真。我们学习机械的都知道,塑料成型的仿真是一大主题,而 POLYFLOW 则可以很好地为这一主题服务。

接着是热分析。很有限的支持。Steady-State Thermal 稳态热分析和 Transient Thermal 瞬

态热分析两个分析系统。热分析在我们外人看来很简单,无非就是考虑热传导、对流、辐射情况下物体上面的温度分布而已。就热分析而言,FloTHERM 应该是首选。ANSYS 提供了我们所需要的最简单的热分析功能。

然后是电磁场分析。Electric 是静电场分析,Magnetostatic 是静磁场分析。功能也很简单。更高级的电磁场分析在 ANSOFT 中了。

接下来看组件系统(附图 1-3)。

附图 1-3 组件系统

这里面包含了诸多单元模块,是构成前面分析系统的基础。可以组装,也可以单独使用。限于篇幅,不再赘述。

用户系统,则包含的是常见的耦合场分析,如附图 1-4 所示。

前两个是流固体耦合分析,分别是从 CFX、FLUENT 到静力学分析的耦合;然后是预应力模态的分析,就是先做静力学分析,得到应力后,再做模态分析;接着是随机振动分析,就是先做模态分析,再做随机振动分析;接着是响应谱分析,同样是先做模态分析,再做响应谱分析;最后是热应力问题,是先做热分析,得到温度后,把温度导入到结构场,再做应力分析。

最后是设计探索模块,如附图 1-5 所示。

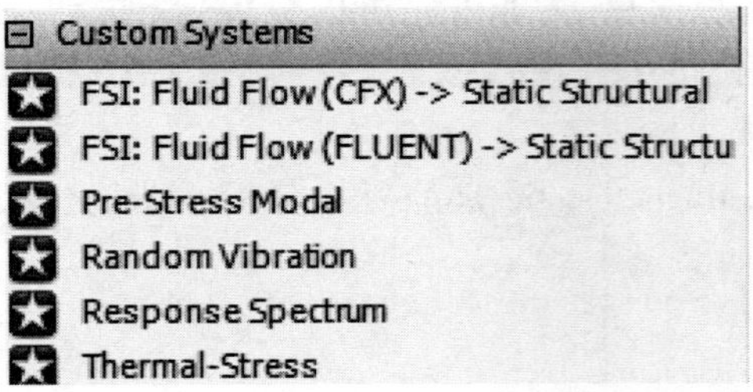

附图1-4 耦合场分析 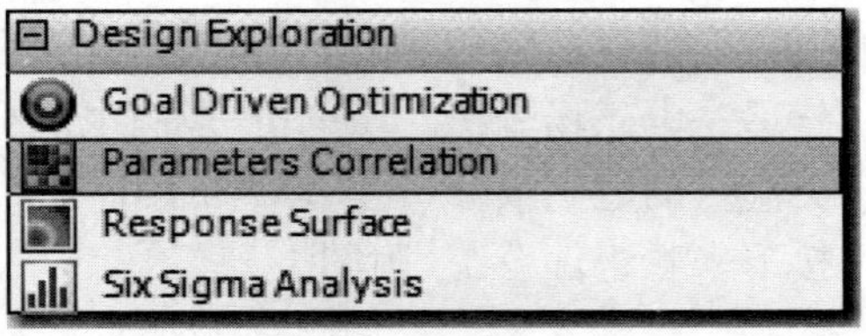 　　　　　　　附图1-5 设计探索模块

第一个是全局优化，就是优化设计的内容。无非就是确定优化模型，然后选择一个初始设计点，做一次仿真，然后依据某种规则，找到另外一个设计点，再做一次仿真。如此反复不已，直到最后，发现目标值已经收敛，就不再仿真了，从而得到所谓的最优解。

第二个是参数关联，用于建立参数之间的相互关系。

第三个是响应面，是根据前面的有限次仿真，找到设计变量和目标变量之间的关系，从而用一个所谓的响应面勾勒出来，实际上就是曲线拟合的问题。

最后一个是6 Sigma分析，所谓的鲁棒性分析，质量工程那一套。看看当设计变量发生某种变动（例如服从正态分布）的时候，我们的目标变量的变化如何，是否在我们所限定的范围之内。

这就是对于ANSYS WORKBENCH的一个总体介绍。

附录二 三维模型参数化导入

在 DM 模块中,目前支持常见有的 Creo2.0、Autodesk Inventor、SolidWorks、UG NX 等三维软件。可以将这些主流的三维软件通过参数化的方式嵌入到 DM 中。参数采用的默认格式为 DS_XX 形式。如在 Creo2.0 中新建一个圆柱,如附图 2-1 所示。

在 Creo2.0 主菜单栏中选择工具→选择 d = 关系,定义如下:

DS_00 = d0

DS_01 = d1

将三维文件保存下来。

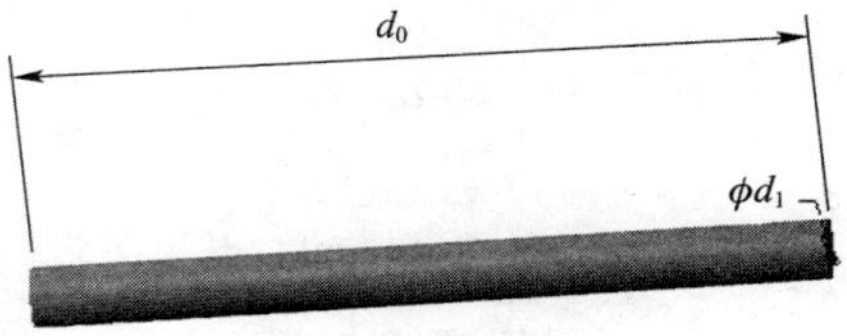

(在安装 ANSYS 时,直接将 ANSYS Workbench 嵌入到 Creo2.0 工具中)可直接在工具栏上单击 Workbench,如附图 2-2 所示,打开有限元分析软件。

附图 2-1 Creo2.0 建模

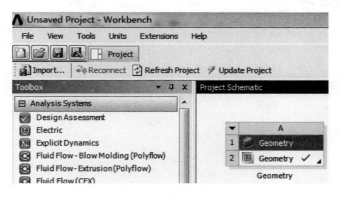

附图 2-2 打开 Creo2.0 中嵌入的 Workbench

进入 ANSYS Workbench 后,出现如附图 2-3 所示,双击 Geometry,进入 DM 模块,单击 Generate,在 Details View 中的最下方参数化设置项,如附图 2-4 所示。

附图 2-3 ANSYS Workbench 项目环境

此时,若觉得设计参数不合理,可以直接在 Creo2.0 和 Workbench 的 DM 中同时进行更改,最后在 DM 中点击 Generate,即可保持三维在两个软件中同时更新。如在本例中,将 DS_

00 = d0 = 200 的数值改为 168mm,首先将 Creo2.0 中的圆柱体长度 d0 更改为 168mm,同时在 Workbench 的 DM 中将 DS_00 更改为 168mm,然后在 DM 中再生 Generate,即可实现圆柱体长度在 Workbench 中进行更改,如附图 2-5 所示。

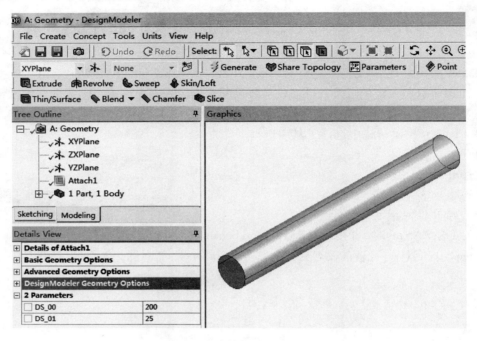

附图 2-4　参数化三维导入情况

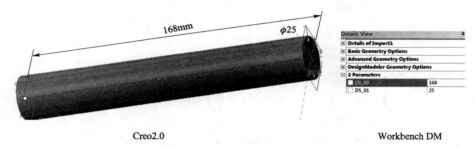

附图 2-5　参数化三维在两个软件中双向刷新的功能

附录三　ANSYS 安装中的注意事项

根据现有的计算机安装系统来看,目前的系统有 Win7、Win8 和 Win10,其中 Win8 和 Win10 需要启动高级管理模式,而且只有在 Administrator 模式下才能安装成功。

在 Win8 和 Win10 系统中启动 Administrator 具体办法有:

(1)按【WIN+F】快捷键再单击。

(2)再输入【cmd】在搜索出来程序上右击选择【以管理员身份运行】。

(3)进入命令提示符以后,输入命令:【net user administrator /active:yes】,然后注销,就可以使用 administrator 登录。

(4)如果想要取消 administrator 激活,则输入【net user administrator /active:no】就可以了。

参 考 文 献

[1] 王国军. 车辆结构有限元分析[M]. 北京:机械工业出版社,2013.
[2] 谭继锦,张代胜. 汽车结构有限元分析[M]. 北京:清华大学出版社,2009.
[3] 任传波,庄继德,邹广德. 汽车产品开发[M]. 北京:机械工业出版社,2007.
[4] 凌桂龙. ANSYS Workbench 15.0 从入门到精通[M]. 北京:清华大学出版社,2014.
[5] 高长银,李万全,刘丽. ANSYS Workbench 14.5 建模与仿真从入门到精通(配教学视频)[M]. 北京:电子工业出版社,2014.
[6] 王霄锋. 汽车底盘设计[M]. 北京:清华大学出版社,2010.
[7] 刘笑天. ANSYS Workbench 结构工程高级应用[M]. 北京:中国水利水电出版社,2015.
[8] 许京荆. ANSYS Workbench 工程实例详解[M]. 北京:人民邮电出版社,2015.
[9] 模态分析[EB/OL]. http://baike.baidu.com/item/模态分析?share_fr = pc_qzone.
[10] 宋博士的博客[EB/OL]. http://blog.sina.com.cn/doctorsongshaoyun.